W0235671

**BASTEI
LÜBBE**
TASCHENBUCH

Über die Autoren:

Sabrina und Yoan Bombarde hätten nie gedacht, dass Menschen in einem Rechtsstaat ein solches Unrecht widerfahren kann. Vier Jahre kämpften sie um ihre Tochter – doch erst als sie zu drastischen Mitteln griffen, bekamen sie ihr Kind zurück. Nun erzählen sie ihre ganze Geschichte.

SABRINA UND YOAN BOMBARDE

Nie wieder ohne dich

Als der Staat uns unsere
Tochter wegnahm und wie wir
um sie kämpften

Aus dem Französischen von
Monika Buchgeister

BASTEI
LÜBBE
TASCHENBUCH

BASTEI LÜBBE TASCHENBUCH
Band 61041

Dieser Titel ist auch als E-Book erschienen.

Vollständige Taschenbuchausgabe

Deutsche Erstausgabe

Für die Originalausgabe:
Copyright © 2018 by Éditions Michel Lafon
Titel der französischen Originalausgabe:
»Plus jamais sans toi, Louna«
Originalverlag: Michel Lafon

Für die deutschsprachige Ausgabe:
Copyright © 2019 by Bastei Lübbe AG, Köln
Textredaktion: Anne Fröhlich, Bremen
Titelillustration: © Martin Novak/shutterstock
Umschlaggestaltung: Christin Wilhelm, www.grafic4u.de
Satz: hanseatenSatz-bremen, Bremen
Gesetzt aus der Minion Pro und Avenir
Druck und Verarbeitung: CPI books GmbH, Leck – Germany
ISBN 978-3-404-61041-9

2 4 5 3 1

Sie finden uns im Internet unter
www.luebbe.de
Bitte beachten Sie auch: www.lesejury.de

Für Léo und Louna
Und für all diejenigen, die einen ähnlichen
Kampf führen wie wir:
Gebt niemals auf!

Inhalt

YOAN

1. In der Haut eines Kinderquälers …

16. Februar 2012. Ich komme mir vor wie in einem schlechten Hollywoodfilm.

Es ist jetzt schon fast vierundzwanzig Stunden her, dass ich zwischen zwei polizeilichen Vernehmungen in dieser erbärmlichen Zelle gelandet bin. Der Uringestank ist unerträglich. Unweigerlich schweifen meine Gedanken zu Elend und Tod. Seit gestern versuchen zunehmend gereizte Polizisten unerbittlich, mich im fahlen Licht der Amtszimmer zum Geständnis des Unvorstellbaren zu bewegen. Und ich streite ebenso unerbittlich ab. Wie so oft gibt es aufseiten der Verhörenden den Freundlichen, den Choleriker und denjenigen, der mir nicht einmal Zeit zum Luftholen lässt, so heftig prasseln seine Fragen auf mich nieder. Unter dem runden Auge einer an der Decke angebrachten Kamera, die jede noch so geringfügige Äußerung, jede noch so kleine Regung und Bewegung meinerseits festhält, gebe ich Antworten, die die Polizeibeamten verärgern. Es sind zweifelsohne Antworten, die sie nicht hören wollen …

Am Nachmittag des Vortags haben Polizeibeamte der Abteilung Jugendschutz frenetisch an unsere Wohnungstür geklopft. Anstatt die Klingel zu benutzen, um mich über die Gegensprechanlage zu bitten, die Tür des Gebäudes zu öffnen, schellten sie lieber bei Nachbarn, um ohne mein Wissen hineinzugelangen. Der Überraschungseffekt schien den Polizisten das geeignete Mittel, mich an einer möglichen Flucht zu hindern. Sie stürmten die Treppe im Laufschritt nach oben, um dann lautstark an meine Tür zu hämmern. Als ich öffnete, schleuderten sie mir statt einer Begrüßung entgegen: »Polizei. Abteilung Jugendschutz!« Sie waren zu viert. Einer von ihnen, ein junger Typ mit einem kleinen Schnurrbart, erinnerte mit seinem Aussehen ein wenig an die Polizisten der 1980er Jahre. Er musste etwa so alt sein wie ich, also zweiundzwanzig, und trat eher zurückhaltend auf. Vermutlich ein Berufsanfänger. Neben ihm baute sich ein breitschultriges Kraftpaket in hellbraunem Lederblouson auf. Außerdem gehörte eine Frau mit ausgeprägtem slawischem Akzent zur Truppe und noch ein weiterer Polizist, der deutlich älter als die anderen war. Er wirkte wie einer, der in seinem Job schon viel erlebt hat und keine Nachsicht kennt. Als ich sah, wie sie die Wohnung in Beschlag nahmen und forschende Blicke in jeden Winkel warfen, spürte ich, dass die Sache keine gute Wendung nehmen würde. Allerdings blieben sie höflich, als sie mich aufforderten, mit ihnen zu kommen. Auf meine Frage, aus welchem Grund sie mich vernehmen wollten, antworteten sie, dass dies im Zusammenhang mit einem Fall von Gewaltausübung gegen meine drei Monate alte Tochter Louna stünde. Als ich jedoch Auskunft darüber verlangte, ob man mich in Gewahrsam nehmen würde, schwiegen sie. Während sie mich zur Tür führten, sah ich zu meiner Lebensgefährtin Sabrina hinüber. In ihren Augen lag Verzweiflung, und es kam mir vor, als würden wir uns nie wiedersehen. Die Blondine und das Kraftpaket blieben bei ihr in der Wohnung, ich folgte den beiden anderen. Zu diesem Zeitpunkt wusste ich noch nicht, dass Sabrina ein paar Stunden später den gleichen Weg wie ich zurücklegen und sich dann ebenfalls in Polizeigewahrsam auf der Hauptwache von Nancy wiederfinden würde.

Der Ford Escort setzte sich gemächlich in Bewegung. Während der Fahrt verzichtete man auf Blaulicht und übermäßige Geschwindigkeit. Vermutlich wollte man mich beruhigen und nicht durch martialisches Auftreten einschüchtern. Kaum saß ich im Wagen, forderte der ältere und erfahrenere der beiden Polizisten mich scheinheilig auf: »Ich glaube, du hast uns so einiges zu erzählen …«

»Was sollte das denn Ihrer Meinung nach sein?«

»Oder war es deine Freundin Sabrina, die eurem Baby das angetan hat … Vielleicht war es auch ein Unfall, so was kann vorkommen …«

»Aber das stimmt doch gar nicht! Sie liegen vollkommen falsch!«

Er taxierte mich mit zusammengekniffenen Augen, dann stieß er hörbar die Luft aus: »Ob es dir gefällt oder nicht, du wirst uns erklären müssen, was vorgefallen ist …«

Die Polizisten haben mich, vielleicht weil ich jung war und weil sie mich einschüchtern wollten, von Anfang an geduzt. Kein einziges Mal haben sie mich mit »Monsieur Bombarde« angeredet, und auch meinen Vornamen, Yoan, haben sie nie benutzt. Hätte ich eine Jacke mit aufgenähter Nummer angehabt, so hätten sie mich sicher mit dieser Nummer angeredet. Mit dem Betreten des Polizeigebäudes war ich, psychologisch gesehen, bereits ein Gefangener.

Während der Fahrt zur Polizeihauptwache von Nancy dachte ich fieberhaft nach. Jeder kann in Gewahrsam genommen und ausführlich vernommen werden. Etwa 800 000 Menschen geraten jedes Jahr in diese Situation, und die meisten von ihnen werden ohne weitere Strafverfolgung wieder auf freien Fuß gesetzt – was beweist, dass nicht nur Schuldige verhaftet werden. Aber dennoch: Um in Gewahrsam genommen zu werden, muss man verdächtigt werden, eine Straftat oder ein Verbrechen begangen zu haben, das mit Gefängnis geahndet wird. Welche Straftat, welches Verbrechen legte man mir zur Last? Der Polizeibeamte hatte gesagt, dass es um eine Sache ging, die mit Louna zu tun hatte … Unsere kleine, drei Monate alte Tochter lag seit siebzehn Tagen im Krankenhaus. Sie war in kritischem Zustand eingeliefert worden, und die Spezialisten hatten zahlreiche Untersuchungen veranlasst, um herauszufinden, wo die Ursache für ihr Leiden lag. Vergeblich. Nahmen sie nun – in Ermangelung schlüssiger Ergebnisse – etwa an, sie sei misshandelt worden?

Gleich nach unserer Ankunft auf der Polizeiwache von Nancy eröffneten mir die Beamten, dass ich für vierundzwanzig Stunden in Polizeigewahrsam sei und dass sich dieser gegebenenfalls noch einmal um die gleiche Dauer verlängern konnte. Bleierne Schwere überfiel mich. Benommen bat ich um genauere Auskünfte und den Grund für diese Festnahme. Sie erklärten: »Es geht um Gewaltanwendung gegen minderjährige Schutzbefohlene durch Erziehungsberechtigte.« Im selben Atemzug erläuterten sie mir, dass ich einen Anwalt nehmen, einen Arzt konsultieren und ein Familienmitglied in Kenntnis setzen konnte. Ich fühlte mich, als steckte mein Kopf in einem Schraubstock. Das Herz klopfte mir bis zum Hals. Tatsächlich fühlte ich mich so elend, dass ich das Angebot annahm, mich von einem Arzt untersuchen zu lassen. Außerdem bat ich darum, meine Mutter zu benachrichtigen. In meiner Naivität erklärte ich dann, dass ich keinen Anwalt bräuchte. Das hätten schließlich nur Schuldige nötig. Da zu diesem Zeitpunkt mein Glaube in die Justiz noch nicht erschüttert war, ging ich davon aus, dass die Wahrheit alsbald ans Licht käme, und dann würde sich die Anschuldigung in Luft auflösen. Um mich selbst zu beruhigen, sagte ich mir wieder und wieder, dass diese Polizisten – selbst wenn sie die findigsten Detektive wären – nichts beweisen konnten, was niemals passiert war. Außerdem zweifelte ich nicht daran, dass die Spezialisten im Krankenhaus früher oder später Lounas Krankheit auf die Spur kommen würden.

Die Polizisten forderten mich auf, Gürtel und Schnürsenkel abzugeben, damit ich nicht auf die Idee käme, diese Dinge für einen Fluchtversuch zu benutzen oder gar einen Selbstmordversuch zu unternehmen. Dann folgte die Untersuchung durch einen Arzt, der erklärte, dass mein Zustand ohne jegliche Einschränkung mit einem Polizeigewahrsam vereinbar sei – alles andere wäre auch erstaunlich gewesen. Immerhin gab er mir eine Tablette, die mich beruhigen sollte. Unmittelbar danach begannen die Polizisten mit ihrer Befragung. Sie bombardierten mich mit Fragen und ließen nicht einen Augenblick locker, bis sie mich schließlich in eine verdreckte Zelle verfrachteten, wo ich für die nächste Zeit mir selbst überlassen war.

Die Wände in dem kleinen, fensterlosen Raum waren grau und düster, ein Betonsockel stellte das Bett dar. Eine Matratze und ein Kopfkissen gab es nicht, nur eine übel riechende, abgewetzte Decke. Zum Flur hin war die Zelle mit einer großen Plexiglasscheibe versehen, in die viele Graffiti geritzt waren, offenbar mit Münzen oder Feuerzeugen. Alles war abstoßend schmutzig, und ich fragte mich: Wie viele Männer haben wohl schon in diesem mittelalterlich anmutenden Verlies gesessen? Und wie viele haben sich, wie ich, vergeblich abgemüht, ihre Unschuld zu beteuern?

Von dem Moment an, da ich mich in den Räumen der Polizeiwache befand, ließen mir die drei Polizisten keine Zeit, einen klaren Gedanken zu fassen. Sie wechselten sich ab, um ein ungeheuerliches Geständnis aus mir herauszupressen. Mein hartnäckiges Abstreiten änderte nichts. Sie zeigten keinerlei Regung von Mitgefühl oder Sympathie.

Vermutlich waren sie der Meinung, dass ein Unschuldiger ein Schuldiger ist, der dies nur noch nicht weiß. Unablässig wiederholten sie ihre Fragen, um mich zu Unstimmigkeiten oder Fehlern zu verleiten, wenn ich nur erschöpft genug war, und mich zu überführen.

»Vorhin hast du gesagt, du hättest an jenem Tag das Haus nicht verlassen …«

»Ich muss mich geirrt haben.«

»Passiert es dir häufiger, dass du dich nicht mehr daran erinnerst, was du getan hast?«

»Warum fragen Sie mich das?«

»Wir sind diejenigen, die hier die Fragen stellen! Ich halte hiermit also fest, dass du dich vor allem an das erinnerst, was dir gut in den Kram passt …«

Trotz ihres Eifers, trotz meiner Angst und trotz schrecklicher Augenblicke der Verzweiflung geriet ich nicht ins Wanken und verstrickte mich bei meinen Aussagen nicht in Widersprüche. Ihre Anschuldigungen waren ebenso falsch wie abscheulich, und ich musste keinen sonderlichen Mut aufbringen, um sie zurückzuweisen. Wie hätte ich zugeben können, Louna misshandelt zu haben – selbst wenn es aus Unachtsamkeit geschehen wäre, wie sie mir nahelegen wollten? Louna, mein drei Monate altes Baby! Das war so unglaublich, so empörend … Ich konnte den Polizisten noch so oft erklären, dass ich nicht für die Ödeme und die blauen Flecken verantwortlich war, die sich in Lounas Gesicht gebildet hatten, und auch nicht für ihren kritischen Zustand, der einen Krankenhausaufenthalt erforderlich gemacht hatte – sie bohrten weiter. Immer wieder bat ich sie zu überprüfen, ob meine Tochter nicht an der gleichen genetischen Krankheit litt wie ihre Mutter Sabrina: Das hätte alles erklärt. Auch bei Sabrina bilden sich bei einem Krankheitsschub Flecken auf der Haut und Ödeme, die den Körper entstellen. Ich führte aus, dass ein Ödem etwas ganz anderes ist als ein Hämatom, da ein Ödem aus Wasser besteht, das ins Gewebe dringt. Ein Hämatom aber entsteht dadurch, dass Blut aus verletzten Gefäßen austritt. Obwohl ich meine ganze Überzeugungskraft aufbrachte, stieß ich offenbar auf taube Ohren. Ich ließ mich jedoch nicht entmutigen und setzte meine Ausführungen fort, indem ich ihnen die Symptome des Angioödems beschrieb. Es handelt sich um eine Krankheit, bei der plötzlich und unvorhersehbar Schwellungen am ganzen Körper entstehen, die lebensbedrohlich werden können, wenn man sie nicht behandelt. Die Krankheit tritt anfallartig auf, ihr entscheidendes Merkmal ist das plötzliche Auftauchen von inneren und äußeren Ödemen. Ich erklärte, dass es in Frankreich weniger als 1500 registrierte Fälle davon gab. Die meisten Ärzte hätten noch nie von dieser seltenen Krankheit gehört und könnten sie folglich weder eindeutig identifizieren noch behandeln. Wenn diese Ärzte dann ein Kind mit den Anzeichen dieser Krankheit vor sich hatten, mussten sie nach Ausschluss aller anderen möglichen Ursachen in Betracht ziehen, es läge ein schwerer Fall von Kindesmisshandlung vor. Für die Ärzte stand dann fest, das Kind sei schrecklich verprügelt worden. Genau diese Überlegungen hatte man auch angestellt, als Louna am zweiten Februar 2012 in die Notaufnahme des Krankenhauses gebracht worden war. Die Fachärzte hatten die Schwere der Verletzungen festgestellt und nach einer ganzen Reihe von Untersuchungen die Polizei benachrichtigt. Das Einzige, worauf sie trotz unserer wiederholten Bitten verzichteten, war die Durchführung eines Bluttests, der darüber hätte Aufschluss geben können, ob unser Baby die gleiche Krankheit hatte wie Sabrina. Eine einfache Blutabnahme hätte gereicht.

Aber all meine stichhaltigen Argumente konnten die Polizisten nicht überzeugen. Sie setzten ihr Verhör in verschärfter Form fort und versuchten nun, mir Zweifel an Sabrina einzuflößen.

»Wenn du es nicht warst, dann war es also die Mutter der Kleinen, die Mist gebaut hat …«

»Es ist einfach nicht zu fassen, dass Sie nicht verstehen wollen, was ich Ihnen gerade mühevoll erklärt habe! Ich werde nichts gestehen, was überhaupt nicht passiert ist!«

»Was weißt du denn schon darüber? Du warst schließlich nicht die ganze Zeit mit ihr zusammen. Sabrina kann sehr gut ein unglücklicher Handgriff passiert sein. Ganz ohne Absicht natürlich. Wenn man eine so junge Mutter ist … Ach, wie alt ist sie überhaupt?«

Ich war nicht so naiv zu glauben, dass er die Antwort nicht selbst wusste, aber folgsam erwiderte ich: »Sie ist achtzehn.«

»Sage ich es doch. Wenn man selbst noch ein Kind ist, weiß man oft nicht, wie man sich anstellen soll. Eine falsche Bewegung, und schon fällt das Baby auf den Boden. Das kann schnell passieren …«

Plötzlich in wohlwollendem Ton, flüsterte mir der Polizist zu: »Ich verstehe, was passiert ist … Ihr wart in Panik, habt die

Kleine zum Kinderarzt gebracht, und da deiner Frau ihre Unbeholfenheit peinlich war, habt ihr eine Geschichte erfunden. Weißt du, Geschichten dieser Art hören wir jeden Tag ...«

Seine Absicht war allzu offensichtlich. Indem er eine Unschuldsmiene aufsetzte, wollte er mich dazu bringen, dass ich meine Lebensgefährtin beschuldigte. Mit meiner Aussage wäre es ihm anschließend ein Leichtes, Sabrina in die Knie zu zwingen: »Es bringt nichts zu leugnen, dein Freund hat uns alles erzählt!«

Als ich mich weigerte, seiner erfundenen Version zuzustimmen, bemühten die Polizisten ihre Fantasie und entwarfen weitere mögliche Szenarien:

»Ihr wohnt in einer kleinen Einzimmerwohnung. Da ist der Raum sicher ganz schön zugestellt. Deine Freundin gab der Kleinen die Flasche und ist dabei über etwas gestolpert, das auf dem Boden lag. Sie hat das Gleichgewicht verloren und das Baby fallen lassen ...«

»Aber wie erklären Sie sich dann, dass die Kinderärztin und dann auch die Ärzte im Krankenhaus zunächst keinerlei Beule, keinerlei Hämatom bei unserem Baby festgestellt haben? Ein Sturz hinterlässt doch Spuren, vor allem, wenn der Aufprall so heftig ist, dass er zur Bewusstlosigkeit führt! Wie kann es dann sein, dass es keinerlei Knochenbrüche und keinerlei innere Verletzung gibt?«

Angesichts dieser rätselhaften Umstände beschlossen die Polizisten, nochmals ihre Strategie zu ändern. »Nun, vielleicht warst ja auch du derjenige, der die Kleine zu grob angefasst hat. Manchmal hat man andere Sorgen, ist genervt – und schon ist es passiert. Es geschieht nicht aus

Boshaftigkeit, man ist schließlich nur ein Mensch. Es war einfach ein unglücklicher Reflex. Es gibt keinen Grund, das zu verbergen … Bis der Fall geklärt ist, wird Louna wahrscheinlich in einer Pflegefamilie untergebracht werden, aber das ist nur vorübergehend. Nach drei, spätestens sechs Monaten kommt sie zu euch zurück, und das Leben geht weiter wie zuvor.«

Nach diesen ebenso aus der Luft gegriffenen wie haarsträubenden Hypothesen bedrängten mich die Polizisten erneut, endlich zu gestehen. Es sei für alle das Beste. Sie könnten den Fall endlich abschließen und nach Hause gehen, und ich wäre endlich wieder ein freier Mann. Aber ich wiederholte auch jetzt wie eine Litanei: »Wir lieben unsere Tochter und haben Louna noch nie etwas zu leide getan! Weil Sabrina eine junge Mutter ist, war sie vielleicht im Alltagsleben manchmal etwas überfordert, aber sie war immer sehr vorsichtig und achtsam. Sie betet ihre Tochter an.«

Und ein weiteres Mal flehte ich sie an: »Bitten Sie auf jeden Fall die Ärzte, einen Bluttest zu machen. Dann wird sich alles rasch aufklären.«

Sie überhörten meine Bitte auch diesmal und skizzierten stattdessen alle denkbaren Szenarien. Selbst wenn sie sich dabei in vollkommen unlogische Abläufe verstrickten, waren sie doch fest entschlossen, mir ein Geständnis abzuringen. Meine Einwände und Antworten überzeugten sie keineswegs, sondern brachten sie richtiggehend auf die Palme, sodass sie immer gereizter, ja beinahe wütend wurden. Irgendwann schlug einer mit der geballten Faust so heftig auf

den Tisch, dass der Computer erzitterte und einige Schreib-
utensilien auf dem Boden landeten. Um von diesem Wut-
ausbruch abzulenken, bot mir der junge Polizist ein Glas
Wasser an. Es war deutlich, dass das Verhör eine neue Wendung nahm. Höflichkeit war jetzt nicht mehr angesagt. Und
irgendwann befürchtete ich sogar, dass sie auch vor Gewaltanwendung nicht zurückschrecken würden …

Ich war erschöpft und verunsichert. Es war Nacht, aber ich
hatte bereits jedes Zeitgefühl verloren, sodass ich nicht mehr
abschätzen konnte, wie spät es war. Ich begann, in meiner
Zelle auf und ab zu gehen. Ich trat nah an die Plexiglasscheibe
heran, um zu sehen, was draußen vor sich ging, und zog mich
bis zu einer kleinen Luke hoch, durch die ich ein wenig mehr
sehen konnte. Von dort erhaschte ich tatsächlich einen kurzen Blick auf Sabrina, die am Ende des Gangs in einer ähnlichen Zelle wie ich eingesperrt war. Sie wirkte niedergeschlagen, teilnahmslos und war sehr blass. Ich wusste damals noch
nicht, dass Stress zu den wesentlichen Faktoren zählt, die bei
ihr einen ernsten Krankheitsschub auslösen können. Seit ihrer Kindheit litt sie unter diesen Anfällen. Aber als ich sie sah,
merkte ich sofort, dass sie krank war. Da die Zellen video-
überwacht waren, sah ich davon ab, sie zu rufen oder mich
bemerkbar zu machen. Ich konnte jedoch nicht begreifen,
dass man keinen Notarzt rief. Sie übergab sich immer wieder
und war in einem bemitleidenswerten Zustand … Mir war
klar, dass sie rasch Hilfe benötigte und sonst Gefahr lief, diesen Polizeigewahrsam nicht lebend zu überstehen.

Am Tag zuvor waren die Polizisten der Abteilung Jugendschutz mit zwei Autos vorgefahren, da sie nicht nur mich, sondern auch Sabrina abholen wollten. Sie wussten, dass Louna, unser Baby, im Krankenhaus war und sie uns allein in der Wohnung vorfinden würden. Die Anwesenheit von weiteren Erwachsenen wäre für ihr Vorhaben nicht weiter problematisch gewesen. Aber die Polizisten wussten nicht, dass ich außer dem Baby noch eine Tochter aus einer früheren Beziehung habe, die zu diesem Zeitpunkt zweieinhalb Jahre alt war. Nach der Trennung von meiner damaligen Freundin hatten wir uns auf ein gemeinsames Sorgerecht für Lysa geeinigt, und die Polizisten tauchten nun in einer Woche auf, in der ich mich um Lysa kümmerte. Es war Donnerstag, und der Plan war, dass ich sie am Samstag zu ihrer Mutter zurückbringen sollte. Sie war also bei uns in der Wohnung, als die Polizisten dort eindrangen und sich mit einer vollkommen unerwarteten Situation konfrontiert sahen. Ein so kleines Kind konnten sie natürlich nicht allein in der Wohnung zurücklassen. Also beschlossen sie, zunächst nur mich auf die Polizeiwache mitzunehmen und Sabrina erst zu holen, wenn Lysa wieder bei ihrer Mutter war. Die Polizeibeamten forderten mich auf, meine Exfreundin anzurufen. Ich erklärte ihr panisch die Situation und bat sie, Lysa abzuholen. Sie wohnt allerdings nicht in der Nähe. Und da sie die Fahrt erst für Samstag geplant hatte, konnte sie beim besten Willen nicht so schnell zu uns kommen.

Auch wenn Lysa ein aufgewecktes Kind war und für ihr Alter bereits ein großes Sprachvermögen besaß, konnten wir ihr nicht verständlich machen, warum sie so schnell zu ihrer

Mama zurückkehren sollte, und vor allem nicht, was diese Polizisten von uns wollten. Als ihr klar wurde, dass sie mich mitnehmen würden, fing mein kleiner, blonder Schatz mit den sonst so fröhlichen Augen an zu weinen. Es zerriss mir das Herz, dicke Tränen über ihre Wangen kullern zu sehen, und zu hören, wie sie zwischen zwei Schluchzern Sabrina fragte:

»Warum nehmen sie Papa denn mit? Werden sie ihm wehtun?«

Lysas Tränen rührten die Polizisten nicht, sie dachten nur an eins: dass Lysas Mutter möglichst rasch hier erscheinen möge, damit sie freie Bahn hätten und auch Sabrina unverzüglich mit auf die Wache nehmen könnten. Einer von ihnen zeigte dann doch einen Anflug von Mitgefühl und raffte sich zu ein paar tröstenden Worten auf: »Du brauchst keine Angst zu haben. Wir wollen deinem Papa nur ein paar Fragen stellen.«

Mir schwante nichts Gutes, als man mich davon in Kenntnis setzte, ich müsste eine psychiatrische Untersuchung über mich ergehen lassen. Ich folgte dem Polizeibeamten in einen Raum neben meiner Zelle, der hinter mir wieder abgeschlossen wurde. Niemals werde ich den Namen und das Gesicht dieses Arztes vergessen, der in der ganzen Region von Nancy für seine Gutachten bekannt ist. Sie wurden im Eilverfahren erstellt, enthielten aber trotz der höchst sparsamen Untersuchungen ausführliche Beurteilungen.

Doktor Francis Boquel betrat jetzt den Raum. Er nannte seinen Namen und seine Funktion, bevor er mir auseinandersetzte, dass er vom Gericht damit beauftragt sei, ein psychiatrisches Gutachten zu meiner Person zu erstellen. Ich kannte seinen Ruf, ein Freund schneller Beurteilungen zu sein. Zehn Monate später, im Dezember 2012, würde ich in der Zeitung lesen, dass er einen jungen Mann beurteilt hatte, der Polizeibeamte angegriffen hatte. Bei der Verhandlung vor dem Strafgericht hatte der 28-Jährige sich kurz vor der Urteilsverkündung mit einer Bandage stranguliert, die er aufgrund eines früheren Selbstmordversuchs an seinem Handgelenk trug. Er hatte bereits mehrfach versucht, sich das Leben zu nehmen, und das Gericht sogar selbst von der Suizidgefahr in Kenntnis gesetzt: »Ich leide an Schizophrenie. Ich höre Stimmen, die mir befehlen, mich zu töten.«

Doktor Francis Boquel hatte jedoch nicht einen Augenblick an diese schwere psychische Erkrankung geglaubt: Er hatte den jungen Mann für voll schuldfähig erklärt und festgestellt, dass es keinerlei Anlass für eine Strafmilderung gäbe. Am Tag nach dem Prozess verstarb der junge Mann. Sein letzter Selbstmordversuch war erfolgreich gewesen …

Aufgrund seines Rufes wusste ich aber schon damals, mit wem ich es zu tun hatte, und machte mir keinerlei Illusionen über den Ausgang meiner Unterredung mit Doktor Boquel. Ich weiß nicht, ob dieser Spezialist für psychiatrische Fragen zuvor mit den Polizeibeamten gesprochen hatte, ob er die Antworten kannte, die ich ihnen gegeben hatte, und ob er Akteneinsicht genommen hatte. Auf jeden Fall war das Gespräch kurz. In dem Zimmer hing eine Wanduhr: Zwischen dem Zeitpunkt seines Erscheinens und dem Augenblick, da er den Raum wieder verließ, vergingen – das weiß ich noch genau – gerade einmal fünf Minuten. Die erste Frage, die mir Doktor Boquel stellte, war sehr direkt: Er wollte wissen, ob mit Louna etwas vorgefallen war. Wie schon in den Verhören mit den Polizeibeamten antwortete ich auch jetzt mit ›nein‹. Anschließend befragte er mich zu meiner Kindheit, allerdings ohne ins Detail zu gehen. Weder über meine Mutter und meine Schwester, noch über meinen Erzeuger, der uns unmittelbar nach meiner Geburt verlassen hatte, oder meinen Stiefvater wollte er Genaueres wissen. Ich führte lediglich aus, dass ich eine normale Kindheit verlebt hatte, und so fragte er auch nicht weiter. Ich muss allerdings zugeben, dass ich auch nicht sonderlich mitteilsam war. Es war Mitternacht, und ich war vollkommen erschöpft. Aggressiv war ich jedoch nicht. Mir war bewusst, dass der leiseste Anflug von Wut oder Gereiztheit mein Schicksal besiegeln würde. Sofort würde er in seinem Bericht festhalten, ich sei von impulsivem Temperament und neige zu Gewalttätigkeiten, die ich nicht unter Kontrolle hätte. Ich stellte mir vor, welch negativen Einfluss ein solches Gutachten auf die Richter haben würde, die über ein Individuum befinden sollten, dem die Misshandlung seiner kleinen Tochter zur Last gelegt wurde.

Seine dritte Frage war ebenso pauschal wie die erste: »Haben Sie Ihrem Baby etwas angetan?«

Erneut antwortete ich, dass ich noch nie die Hand gegen meine Tochter erhoben hatte. Damit war die Unterredung beendet. Als ich zu einem späteren Zeitpunkt Einblick in seinen Bericht nehmen konnte, bin ich aus allen Wolken gefallen! Er hatte ein siebenseitiges, detailliertes Gutachten zu meiner Persönlichkeit verfasst. Darin gelangte er zu der Einschätzung, ich hätte ein kaltes Wesen und manipulatorische Verhaltensweisen, die an Perversion grenzten. Außerdem bescheinigte er mir, dass ich an keiner krankhaften seelischen Störung litt, sondern in vollem Umfang schuldfähig sei und dementsprechend bestraft werden könnte. Ergänzend hielt er fest, es sei absolut denkbar, dass ich meiner kleinen Tochter etwas angetan haben könnte! Beim Durchblättern dieser Seiten zitterten meine Hände; ich konnte nicht glauben, was dort stand. Mir wurde speiübel. Wie kann ein Psychiater nach einer fünfminütigen Befragung feststellen, dass ein Mann ein gefährliches Monster ist, das zu schlimmsten Missetaten im Stande ist? Ich kochte innerlich vor Wut, und neben einer abgrundtiefen Verzweiflung packte mich zugleich eine unbändige Lust, ihm seinen Bericht um die Ohren zu schlagen, sobald er mir noch einmal unter die Augen käme.

Später erfuhr ich, dass die Polizeibeamten endlich meine Mutter verständigt hatten, während ich in meiner Zelle schmorte. Sie arbeitete in einem Gartencenter in einem Gewerbegebiet von Nancy. Am Telefon hatte man ihr unmissverständlich befohlen: »Sie lassen alles stehen und liegen und kommen sofort hierher!«

»Aber ich kann hier nicht einfach weg. Das geht nicht. Was ist denn passiert?«

»Sie sind also nicht auf dem Laufenden? Ihr Sohn hat etwas Schreckliches getan! Sie müssen sofort auf die Wache kommen. Wir müssen Sie und auch Ihre Tochter vernehmen.«

Meine Schwester Pauline war gerade einmal achtzehn Jahre alt und wohnte noch bei meiner Mutter. Da sie kein Auto hatte, holten die Polizeibeamten sie ab und brachten sie auf die Wache, um sie als Zeugin zu befragen. Meine Mutter stieß später dazu. Beide bestätigten, dass sie den Abend, bevor Louna ins Krankenhaus kam, bei uns verbracht hatten und gegen Mitternacht aufgebrochen waren. Die Polizisten wollten wissen, was sie gegessen und welche Fernsehsendung wir alle zusammen angeschaut hatten. Sie hielten fest, dass es Pizza gegeben hatte, und glichen unsere Aussagen auch mit dem Fernsehprogramm jenes Abends ab. Es folgte eine Diskussion darüber, wer Louna das Fläschchen gegeben hatte. War es Sabrina gewesen oder ich? Meine Mutter antwortete, dass die Kleine seit ein paar Tagen keinen Appetit gehabt hätte und dass sie ihrerseits versucht hätte, sie zum Trinken zu bewegen. Pauline bestätigte dies. Mit diesen scheinbar unverfänglichen Fragen, die die Polizisten beinahe beiläufig stellten, wollten sie mehr über Lounas eingerissenes Zungenbändchen erfahren, aber sie verbargen sorgsam, in welche Richtung ihre Fragen zielten. Jede Antwort, die nicht über eine mögliche Schuld Aufschluss gab, war irrelevant für sie. Natürlich muss man bedenken, dass auch ein Polizist ein ganz normaler Mensch ist ... ich kann mir vorstellen, dass Polizeibeamte großes Mitgefühl gegenüber misshandelten Kindern empfinden und einen tiefen Widerwillen gegen diejenigen hegen, die so abscheuliche Taten begehen. Es liegt auf der Hand, dass sie alles unternehmen, um Eltern zu entlarven, die sie für Gewalttäter halten. In unserem Fall jedoch glich ihr Vorgehen schon beinahe einem Vernichtungsfeldzug. Ich grübelte lange, warum sie so sicher waren, zwei Kinderquäler vor sich zu haben, und warum wir bereits verurteilt waren, bevor unsere Schuld überhaupt festgestellt worden war. Erst Monate später habe ich erfahren, aus welchen Gründen die Polizisten eine so unerschütterliche Entschlossenheit zeigten.

Nachdem meine Mutter und meine Schwester beteuert hatten, dass ich ein guter Vater sei und mich fürsorglich um meine Tochter kümmerte, gestatteten ihnen die Polizeibeamten, nach Hause zu gehen. Aber es war unerträglich für sie gewesen, mitansehen zu müssen, wie die Inspektoren mich bereits als Verbrecher behandelten, obwohl sie doch erst ganz am Anfang der Ermittlungen standen. Ihre Nachforschungen hätten unvoreingenommen bleiben müssen: Es wäre ihre Aufgabe gewesen, alles zu unternehmen, um aufzuklären, was mit Louna geschehen war. Stattdessen taten sie alles, um mich systematisch zu belasten. Für sie stand bereits fest, dass ich der Schuldige war! Mit meiner Mutter haben wir seither nie wieder über diese Begebenheit gesprochen, da die überfallartige Situation einen Schock bei ihr ausgelöst hatte, den sie bis heute nicht wirklich verkraftet hat. Sie hofft, dass die Zeit die Wunden heilt und sie dieses schreckliche Erlebnis vergessen lässt. Ich glaube allerdings, dass man so etwas nie vergisst: Man untersagt sich, daran zu denken, und verdrängt das Erlebte, aber die Erinnerung daran kann immer wieder wach werden.

Objektiv betrachtet, bedeuteten die Aussagen meiner Mutter und meiner Schwester eine Stärkung meiner Position. Aber da die beiden meine nächsten Familienangehörigen waren, war es für missgünstige Menschen leicht, ihre Zeugenaussagen in

Zweifel zu ziehen. Zu diesem Zeitpunkt wusste ich nicht, dass auch Sabrinas Mutter und ihre ältere Schwester einbestellt worden waren. Um an ihr ersehntes Ziel zu gelangen, hatten die Beamten hier darauf verzichtet, direkte Fragen zu stellen, und stattdessen unaufhörlich Argumente angeführt, die die beiden ins Zweifeln bringen sollten. Um sie nicht vor den Kopf zu stoßen oder misstrauisch zu stimmen, indem sie Sabrina freiheraus als die Schuldige bezeichneten, gaben sie – ganz im Gegenteil – vor, auf ihrer Seite zu stehen. Ihre These war simpel: Wenn sie es nicht war, muss er es gewesen sein. Sabrina wüsste sicher nichts davon, aber ich, ich hätte mich, von ihr unbemerkt, eines schlimmen Verbrechens schuldig gemacht. Ich hätte das Vertrauen meiner Lebensgefährtin missbraucht und ihr verheimlicht, was ich Louna angetan hatte. So saß sie nun meinetwegen in der Tinte, aber ihre Mutter und ihre Schwester konnten ihre Unschuld beweisen, indem sie ihnen alles erzählten. Wenn sie Sabrina retten und ihr ersparen wollten, zu Unrecht verurteilt zu werden, so mussten sie sich alles von der Seele reden: Selbst das noch so unbedeutende Detail konnte von entscheidender Bedeutung sein. Mit ihrem Vorgehen verfolgten die Polizisten nichts anderes, als uns gegeneinander aufzuhetzen. Sie wollten mögliche Unstimmigkeiten, Eifersüchteleien oder schlicht Abneigungen aufdecken und damit Mutter und Tochter zum Auspacken bewegen. Dann wäre es ein Leichtes für sie, belastende Elemente zu finden. Unglücklicherweise weigerten sich die beiden jedoch, das Spiel der Polizisten mitzuspielen. Den Polizisten blieb nichts anderes übrig, als weitere Lobeshymnen auf meine väterliche Fürsorge über sich ergehen zu lassen.

2. Einmal gewalttätig, immer gewalttätig?

Auch wenn die Polizeibeamten der Abteilung Jugendschutz ohnehin bald von der Existenz meiner älteren Tochter erfahren hätten, stürzte mich ihre unmittelbare Begegnung in Verzweiflung. *Bestimmt werden sie jetzt in meiner Vergangenheit wühlen und ausschlachten, wie es mit Lysas Mama gelaufen ist …*, haderte ich. Unsere Beziehung war schwierig und turbulent gewesen, geprägt von heftigen Auseinandersetzungen und kurzlebigen Versöhnungen. Als sie mir mitgeteilt hatte, dass sie ungeplant schwanger war, hatte ich sofort meine Vaterschaft anerkennen lassen. Ich wollte mich keinesfalls wie mein eigener Erzeuger verhalten: Der hat sich seiner Verantwortung entzogen, indem er schnell das Weite suchte. Er hat sich kategorisch geweigert, mich als sein Kind anzuerkennen, und ich trage auch nicht seinen Namen. Ich kann nicht behaupten, dass er mir gefehlt hat: Ich war zu klein, als er uns verließ, und mein Stiefvater, der in unser Leben trat, als ich drei Jahre alt war, hat ihn sehr gut ersetzt. Aber trotzdem: Solange ich mich erinnern kann, habe ich immer den Wunsch mit mir getragen, eine große Familie zu haben und mit vielen Kindern am Tisch zu sitzen.

Für mich war ein Baby ein Geschenk des Himmels, ein Geschenk, das man nicht zurückweisen kann. Also zogen wir zusammen, Lysas Mama und ich. So groß das Glück war, das meine kleine Tochter mir schenkte, so wenig galt das für die Beziehung, die ich mit ihrer Mutter führte. Unsere Auseinandersetzungen wurden mit der Zeit immer schlimmer und nahmen irgendwann sogar ein gefährliches Ausmaß an. Obwohl sie vierundzwanzig Jahre alt war, und damit fünf Jahre älter als ich, war sie vielleicht zu jung oder zu launenhaft, um sich wirklich auf den häuslichen Alltag mit einem Baby und einem Lebensgefährten einzulassen. Da Treue nicht zu ihren Stärken zählte, begann sie bald, auswärts zu übernachten und mir die Kleine zu überlassen. Sie kam und ging, wie es ihr passte, einmal blieb sie sogar drei Wochen fort. Bei ihrer Rückkehr kam es dann jedes Mal zu hitzigen Rechtfertigungen und lautstarken Wortwechseln. Sie war psychisch nicht sehr stabil und sehr leicht erregbar, und wenn sie einen ihrer Wutanfälle hatte, ging alles zu Bruch, was ihr gerade unter die Finger kam. Ich war derjenige, der die täglichen Pflichten übernahm: Haushalt, Einkäufe, Küche … Aber wenn ihr ein Essen nicht schmeckte, kippte sie schon mal den Inhalt der Pfanne auf den Boden. Einmal hat sie sogar, als ich gerade mit dem Aufräumen fertig war, eine ganze Flasche Öl auf dem Boden ausgegossen. Und als ich einmal nicht aufpasste, fügte sie mir mit einem kochend heißen Löffel eine Verbrennung dritten Grades am Arm zu.

Ich möchte mich nicht mit weiteren Beispielen von Verhaltensweisen aufhalten, die man durchaus als hysterisch bezeichnen kann, sondern belasse es lieber dabei, sie einfach nur bedauernswert zu finden. Ich war zu diesem Zeitpunkt noch sehr jung – nicht einmal neunzehn Jahre alt – und recht aufbrausend. Als ich sie eines Abends dabei ertappte, wie sie auf ihrem Handy in Kontaktbörsen unterwegs war, platzte mir der Kragen. Ich warf ihr schonungslos an den Kopf, wie ich über ihr Verhalten dachte, wir wurden beide laut, und am Ende griff sie mich an und biss mich an Arm und Rücken blutig. Sie krallte sich so an mir fest, dass ich sie an den Haaren packte, um mich zu befreien. Ich schrie und drohte, dass ich Anzeige erstatten würde, aber geohrfeigt oder geschlagen habe ich sie zu keinem Zeitpunkt.

Das Maß war voll: Ich suchte unverzüglich einen Arzt auf, der die Bisswunden diagnostizierte und mich für vier Tage krankschrieb. Sie suchte ebenfalls einen Arzt auf. Dieser arbeitete in derselben Praxis wie ihr Vater und schrieb sie ebenfalls krank: Aufgrund eines leichten Hämatoms am Kopf sollte sie zwei Tage zu Hause bleiben. Was hätte er sonst tun sollen? Er konnte ihr ja kaum bescheinigen, dass ihr nichts fehlte …

Wir haben beide Anzeige erstattet, einer gegen den anderen. In den auf den Streit folgenden Tagen wurden wir von Polizeibeamten vorgeladen, die uns getrennt voneinander befragten. Es war ein kleines Revier, auf dem Lysas Mutter schon bekannt war. Schließlich hatte sie sich angewöhnt, bei jedem heftigeren Streit die Polizei zu rufen. Sie hatten genug davon, immer wieder ausrücken zu müssen, um bei uns für Ruhe zu sorgen und sie zur Vernunft zu bringen.

Als die Polizeibeamten dann auch noch feststellten, dass ich eine deutliche Brandwunde in Form eines Löffels auf dem Unterarm hatte, hörte ich, wie einer von ihnen meine Lebensgefährtin klar und deutlich zurechtwies: »Jetzt hören Sie aber endlich auf, uns zum Narren zu halten, Madame!«

Er befragte die Mutter meiner Tochter im Nebenzimmer und wirkte sehr verärgert. Schließlich überprüfte er sogar ihr Handy, um ihren unsteten Lebenswandel nachzuweisen. Er hielt im Protokoll fest, dass sich darauf sehr fragwürdige Fotos von Männern befanden. Diese Maßnahme beweist, wie genervt die Polizeibeamten von dem cholerischen Verhalten meiner Exfreundin waren, denn normalerweise greift die Polizei nicht zu solchen Methoden, wenn es nur darum geht, einen Beziehungsstreit zu schlichten.

Ich hatte nun endgültig genug. Nach eineinhalb Jahren war unsere Beziehung so konfliktträchtig, dass wir nicht länger zusammenleben konnten. Es war Zeit auseinanderzugehen. Da wir beide Anzeige erstattet hatten, mussten wir wegen häuslicher Gewalt gegen den Partner vor einem Richter erscheinen. Wir kamen überein, uns beide schuldig zu bekennen und keinen Widerspruch einzulegen. Damit konnten wir einen Strafprozess vermeiden. Zum damaligen Zeitpunkt wollte ich mich gerade bei der Berufsfeuerwehr bewerben, wo ich dann allerdings nicht zu den wenigen Glücklichen zählte, die angenommen wurden. Auch wenn ich die praktischen Prüfungsteile sehr erfolgreich absolvierte, fiel ich in den schriftlichen Prüfungen durch. Ich zählte vermutlich wirklich nicht zu den besten Kandidaten, und Beziehungen hatte ich auch nicht. Vor dem Richter kam es daher sehr darauf an, dass ich mir nichts einhandelte, was unwiderruflich in meiner Akte landen würde. Für die

Feuerwehr muss man eine blütenweiße Weste haben. Ich akzeptierte daher einen Monat Gefängnisstrafe auf Bewährung, die nicht aktenkundig werden würde. Meine Exlebensgefährtin ihrerseits kam glimpflicher davon: Sie erhielt nur eine Ermahnung, die ihr klarmachen sollte, dass ihr aggressives Verhalten mir gegenüber strafbar war. Außerdem wurde uns eine Strafrechts-Mediation auferlegt, das heißt, wir mussten vor dem Vertreter eines Staatsanwaltes erscheinen, um nach einer Lösung für unseren Konflikt zu suchen. Aber unsere Wege trennten sich nun. Wir mieden den Kontakt und sahen uns nur noch, wenn es um unsere Tochter ging. Unsere Beziehung hat sich seitdem nicht wirklich gebessert, aber als die Polizeibeamten sie nun fragten, ob ich jemals grob oder sogar gewalttätig im Umgang mit Lysa gewesen sei, verneinte sie dies vehement und betonte sogar, dass ich stets sehr liebevoll war. Sogar ihre Eltern, die immer auf der Seite ihrer Tochter standen, bestätigten ihre Aussage.

Ich war erstaunt, dass die Polizeibeamten, die mich verhörten, kein Wort über diese Verurteilung verloren. Sie waren mit Sicherheit darüber im Bilde, aber da in meinem Strafregister nichts vermerkt war, kamen sie nicht darauf zu sprechen. Bei einer anderen Aktenlage wären sie – selbst wenn Gewalttätigkeit unter Erwachsenen etwas ganz anderes ist als Kindesmisshandlung – sicher von der Annahme ausgegangen, dass derjenige, der einmal gewalttätig war, es immer bleibt. Gegenüber Sabrina hingegen, von der sie offenbar annahmen, sie wüsste nichts von dieser wenig schmeichelhaften Episode in meinem Leben, kamen sie sehr wohl darauf zu sprechen: Sie erwiderte ihnen jedoch, dass ich ihr alles gleich zu Beginn unserer Beziehung erzählt hätte. Meine Offenheit muss ihnen ein Dorn im Auge gewesen sein: Hätte ich Sabrina alles verheimlicht, so wäre es ihnen ein Leichtes gewesen zu beweisen, dass ich nicht immer die ganze Wahrheit sagte. Das hätte dann auch für Lounas Verletzungen gelten können …

3. Der Spießrutenlauf

Jedes Mal, wenn ich vor den Polizeibeamten sitze, stelle ich ihnen die gleichen Fragen: »Warum ordnen Sie nicht an, dass bei Louna ein Bluttest durchgeführt wird?« und »Wann kann ich nach Hause?«.

Ich kann an nichts anderes denken als daran, diesen wuchtigen Betonklotz, in dem die Polizeihauptwache untergebracht ist, endlich wieder zu verlassen und meine Freiheit wiederzuerlangen. Ich habe nur noch eines im Sinn: Ich möchte diesen Männern nicht länger ausgeliefert sein, die mich mit ihren Fragen quälen. Es drängt mich instinktiv und mit aller Macht, diesem düsteren Ort zu entfliehen, wo ich – wie mir scheint seit ewigen Zeiten – dahinvegetiere. Ich möchte loslaufen und diese Hölle so weit wie möglich hinter mir lassen. Aber man geht kein bisschen auf meine Bitten ein.

Unvermittelt tauchen drei Beamte in meiner Zelle auf. Es sind nicht die von der Abteilung Jugendschutz. Diese Schergen tragen Uniformen und sehen mich an, ohne eine Miene zu verziehen. Ich erwartete nicht, dass man mich anlächelt und freundlich beim Vornamen nennt, aber das Ausmaß ihrer Kälte überrascht mich. Ich vermute, dass sie über das, was man mir zur Last legt, im Bilde sind und deshalb keinerlei Anlass sehen, ein Individuum wie mich mit Samthandschuhen anzufassen. In einem Ton, der keinen Widerspruch duldet, fährt mich einer von ihnen an: »Drehen Sie sich um und legen Sie die Hände auf den Rücken!«

»Wozu denn?«

»Das ist Vorschrift!«

Ich führe die Arme hinter den Rücken, und schon vernehme ich das Zuschnappen der Handschellen, die sich um meine Handgelenke schließen. Kalt spüre ich das Metall an meiner Haut. In diesem Augenblick wird mein ganzes bisheriges Leben auf den Kopf gestellt: Ich komme mir vor wie ein Tier in der Falle, habe das schreckliche Gefühl, in der Haut eines Verbrechers zu stecken. Aber was befürchten sie denn, dass sie mich so in Ketten legen? Dass ich auf sie losgehe und dann die Flucht ergreife?

Man teilt mir mit, dass ich der Staatsanwaltschaft übergeben werde. Der Staatsanwalt wird über mein weiteres Schicksal befinden. Auf dem Gang werfe ich rasch einen Blick in Richtung von Sabrinas Zelle und sehe, dass auch ihr Handschellen angelegt wurden und dass einige Beamte um sie herumstehen. Für einen Augenblick hege ich die Hoffnung, dass wir in denselben Wagen verfrachtet werden, um den Weg vom Gefängnis zum Landgericht gemeinsam zurückzulegen. Aber diese Hoffnung wird schnell zunichtegemacht.

Drei Polizisten sind mit meiner Überführung beauftragt. Zwei Männer und eine Frau. Vielleicht findet sie, dass ich gar nicht so aussehe wie ein Kinderquäler, denn sie sagt freundlich zu mir: »Es tut mir leid, aber wir waren gezwungen, Ihnen Handschellen anzulegen. Wir hatten keine Wahl. Man hat von uns verlangt, so vorzugehen.«

Da meine Hände auf dem Rücken zusammengekettet sind, muss ich mich verdrehen, um überhaupt in dem Renault Scénic Platz zu nehmen, auf dem in fetten Großbuchstaben der Schriftzug POLICE prangt. Das Blaulicht ist eingeschaltet und wirft blaue Lichtflecken auf die Straße, während die Sirene ohrenbetäubend schrillt. So durchqueren wir Nancy und rasen zum Gerichtsgebäude. Der Wagen ist mit einer höllischen Geschwindigkeit unterwegs, missachtet rote Ampeln und Einbahnstraßen. Bei jeder Kurve, jedem Stoß versuche ich, mühsam mein Gleichwicht zu halten, um nicht auf die kleine Polizistin neben mir gedrückt zu werden. Ich habe das Gefühl, ein Gefangener meines Körpers zu sein, mein Kopf ist vollkommen leer. Ich kann an nichts denken, ich bin nichts mehr.

Ruckartig kommt der Wagen vor dem Landgericht zum Stehen. Hier wird ein Großteil der Verfahren des ganzen Bezirks verhandelt, außerdem liegt das Handelsgericht in unmittelbarer Nähe. So ist es nicht verwunderlich, dass auch an diesem Nachmittag viele Menschen vor den Gebäuden unterwegs sind. Während einige, ihre Vorladung in der Hand, auf den Beginn ihrer Verhandlung warten, haben andere diese gerade hinter sich und grübeln über die Entscheidung nach, die in ihrer Angelegenheit gefällt wurde. Hinzu kommen Passanten, die eilig ihres Weges gehen und einem drohenden Regenschauer entkommen wollen. Von unserem

Parkplatz bis zum Gebäude müssen wir einen Weg von etwa vierhundert Metern zurücklegen. Als ich sehe, dass einer der Polizeibeamten die Autotür öffnen will, rufe ich entsetzt:

»Warten Sie bitte, können wir nicht von hinten in das Gebäude gelangen? Die Handschellen ...«

Ich weiß genau, dass dies möglich wäre. Bei gefährlichen Straftätern oder Gangstern gehen die Polizisten nicht das Risiko ein, sie durch eine Menschenmenge hindurchzuführen. Jetzt aber erwidern mir die Polizisten, dass dieser Umweg nicht infrage kommt. Sie befestigen ein kurzes Lederband an meinen Handschellen und ziehen mich an dieser Leine aus dem Wagen. Ein Polizist geht voraus, die beiden anderen halten sich dicht neben mir. Auf diese Weise treten wir unseren Weg an. Mindestens fünfzig Personen um mich herum starren mich an. Nach vierundzwanzig Stunden in einer dreckigen Zelle und ohne die Möglichkeit, mich zu waschen, fühle ich mich schmutzig, schmutzig im umfassendsten Sinn des Wortes. Ich spüre die unterschiedlichsten Blicke auf mir ruhen: Manche streifen mich nur, da sie eine mögliche Gefahr fürchten, andere sind eindringlich musternd, als wollte man sich mein Gesicht einprägen, manche sind so feindselig, als wünschte man mich ohne weiteren Prozess an den Galgen, andere sind gleichgültig. Ich kann diese Situation kaum ertragen, senke den Kopf und folge meinen Wächtern mit gesenktem Blick.

Am meisten setzte mir in dieser Situation zu, dass mich womöglich jemand erkennen könnte. Ich war damals als Discjockey in einer großen Diskothek von Nancy tätig, legte aber auch in anderen, kleineren Einrichtungen auf, die sehr angesagt waren. Auch wenn ich nicht der berühmte David Guetta bin, so hatte ich doch eine gewisse regionale Bekanntheit erlangt. Deshalb fürchtete ich, dass unter all den Leuten, an denen ich nun vorbeimusste, jemand sein könnte, der mich erkannte. Mir war auch schon der Gedanke gekommen, dass die Polizistin, die sich als Einzige freundlich mir gegenüber zeigte, womöglich eine der Diskotheken besucht hatte, in denen ich auflegte. Vielleicht hatte sie deshalb einen anderen, weniger voreingenommenen Blick auf mich als ihre Kollegen.

Meine Angst, von Passanten erkannt zu werden, war so groß, dass ich nicht mehr in der Lage war, klar zu denken. Anstatt mir zu sagen, dass es keinen Grund gab, sich zu schämen, da ich Opfer eines Justizirrtums war, dachte ich: *Alle werden denken, dass ich ein Verbrecher bin, weil man mich sonst nicht wie ein Tier an der Leine durch die Menge führen würde …*

Dieser Spießrutenlauf erschien mir wie eine Ewigkeit. Als wir endlich die große Eingangshalle des Landgerichts erreicht hatten, gingen wir zu einem Aufzug. Zwei Anwälte traten heraus und betrachteten mich ein wenig überrascht. Mag sein, dass ich nicht ganz dem Bild des Vorbestraften entsprach, dem sie an dieser Stelle normalerweise begegneten … In der zweiten Etage führten mich die Polizeibeamten in einen kleinen Raum neben dem Büro des Staatsanwalts. Hier wurde offenbar Papierkram archiviert, denn es war eine vollgestopfte, staubige Abstellkammer ohne jegliche Sitzmöglichkeit. Zwischen meinen Wächtern stehend, fragte ich mich, was nun auf mich zukommen würde. Eines stand fest: Sollte ich die Möglichkeit erhalten, mich zu verteidigen, so würde ich mich Punkt für Punkt zur Wehr setzen, die Anschuldigungen widerlegen und meine Unschuld beweisen. Aber ich machte mir keine Illusionen: Tief in meinem Innern regte sich die Befürchtung, mein Polizeigewahrsam würde verlängert werden oder, noch schlimmer, der Staatsanwalt könnte mich direkt ins Gefängnis schicken.

Es ist ungefähr sechzehn Uhr, als die Polizeibeamten mich auffordern, ihnen zu folgen. Mit dem vor einem höheren Justizbeamten gebotenen Respekt öffnen sie vorsichtig die Tür zum Büro des Staatsanwalts. Hinter einem großen Schreibtisch, auf dem sich Aktenberge türmen, erblicke ich einen Mann mit scharfen Gesichtszügen, einer kleinen runden Brille auf der Nase und grau meliertem Haar. Während ich darauf warte, dass er seinen Blick von den Akten hebt und das Wort an mich richtet, starre ich auf die altmodische, prunkvolle Wandtapete hinter ihm. In dem geräumigen Büro des Staatsanwalts scheint die Zeit stehen geblieben zu sein. Nippes, Tapeten und Teppiche tragen allesamt die Patina einer längst vergangenen Epoche. Wären da nicht die riesigen Fenster, durch die viel Licht hereinfällt, und der große, moderne Schreibtisch aus Mahagoni, könnte man sich in dem goldverbrämten Domizil einer hochrangigen Persönlichkeit zu Beginn des zwanzigsten Jahrhunderts wähnen. Da ich mich der Betrachtung dieses ebenso beeindruckenden wie anachronistischen Dekors hingebe, bemerke ich nicht sofort, dass einer der Polizeibeamten auf einen Stuhl weist und mir bedeutet, ich solle mich setzen. Aber der Staatsanwalt gebietet ihm kurz und knapp Einhalt:

»Nein, er braucht sich nicht zu setzen! Es dauert nicht lange, da kann er stehen bleiben. Die Handschellen müssen auch nicht abgenommen werden.«

Er macht sich nicht die Mühe, mich zu begrüßen, steht nicht einmal auf, sondern lehnt sich in seinem schönen Sessel mit den breiten Armlehnen aus schwarzem Leder wohlig zurück. Mit verschränkten Armen mustert er mich, bevor er mir entgegenschleudert:

»Du sagst mir jetzt, was du mir zu sagen hast!«

»Ich gehe davon aus, dass Sie die Protokolle der Befragung gelesen haben. Ich habe alles klar und deutlich formuliert. Ich kann Ihnen nicht sagen, was Sie gerne hören wollen: Es ist nichts vorgefallen.«

»Aha, so siehst du das also …«

»Ich werde auf jeden Fall nichts erfinden, was es nicht gegeben hat!«

»In Ordnung, vierundzwanzig Stunden Gewahrsam! Dann kommst du vielleicht allmählich zur Vernunft!«

Unter dem aufmerksamen Blick seiner Gerichtsschreiberin wendet sich der Staatsanwalt an die Beamten und befiehlt in herrischem Ton: »Sie können jetzt gehen!«

Da es nicht infrage kommt, dass ich meine Darstellung der Ereignisse in den nächsten vierundzwanzig Stunden ändere, bin ich überzeugt, dass ich am Ende in Untersuchungshaft landen werde. Das scheint nicht nur eine Möglichkeit zu sein, sondern unumgänglich. So, wie mich der Staatsanwalt behandelt hat, sehe ich keinerlei Grund, warum er mir das ersparen sollte. Früher oder später werde ich im Gefängnis von Nancy landen. Dabei befindet sich – abgesehen von dem Gutachten des Psychiaters, das nicht für mich spricht – kein einziges belastendes Element in meiner Akte: kein Geständnis, keine doppeldeutigen Zeugenaussagen, keine Widersprüche zwischen meinen und Sabrinas Aussagen, keine handfesten Beweise. Oder vielleicht doch, ein einziger: Doch der gibt nur bei großer Voreingenommenheit Anlass zu einer Verdächtigung.

Als Louna ins Krankenhaus kam, hatten die Ärzte sie sofort ins künstliche Koma versetzt, um ihr die Aufregung und die Schmerzen zu ersparen, die mit der invasiven Diagnostik einhergehen. Um Problemen bei der Atmung vorzubeugen, wurde sie intubiert: Das bedeutet, dass ein Schlauch in ihre Luftröhre eingeführt wurde, um die Luftzufuhr auf kontrollierte Weise sicherzustellen. Unmittelbar nach ihrer Aufnahme wurde Louna genauestens untersucht, und die Ärzte stellten nichts Besonderes fest: Im Krankenbericht wurde nicht die kleinste Auffälligkeit vermerkt. Als sie jedoch nach zwei Wochen aus dem Koma zurückgeholt wurde und der Anästhesist die Sonde aus ihrem Hals zog, fiel ihm auf, dass das Zungenbändchen eingerissen war. Der Arzt fragte mich, warum dieses kleine, aus Haut bestehende Band, das die Zunge am Mundboden verankert, beschädigt sei. Ich hatte keine Ahnung, erinnerte mich aber aus meiner Zeit als Rettungssanitäter daran, dass diese Verletzung hin und wieder auftritt, wenn ein Patient extubiert wird, und zwar genau in dem Augenblick, in dem man den Schlauch herauszieht. Das gab ich dem Arzt gegenüber nun auch zu bedenken. Er kommentierte meine Vermutung nicht, muss aber die Polizisten über diese Verletzung in Kenntnis gesetzt haben, denn sie haben mich zu diesem Punkt mehrmals befragt. Sie hegten den Verdacht, Sabrina oder ich könnten beispielsweise ein Fläschchen mit roher Gewalt in Lounas Mund geschoben haben. Der Mund eines drei Monate alten Babys ist so zart und klein … Wir beteuerten, dass wir eine solche Grobheit nie begangen hätten. Aber auch wenn das medizinische Personal den Riss durch eine Ungeschicklichkeit verursacht hatte – dieser Befund ließ sich sehr gut zu einem Vorwurf gegen uns ummünzen.

4. Wieder auf Anfang

Wir legten nun den Weg in umgekehrter Richtung zurück – wieder mit heulender Sirene. Auf der Polizeiwache führte mich das Wachpersonal erneut zu den Beamten, die mich zuvor befragt hatten. Ich war vollkommen erledigt, denn ich hatte zwar darauf geachtet, nicht zu dehydrieren, hatte aber seit dem gestrigen Tag lediglich ein paar fade Nudeln und ein wenig Hähnchenfleisch zweifelhafter Herkunft gegessen. Es war mittlerweile Abend, als man mir noch einmal die Rechtsbelehrung erteilte. Den Arzt wollte ich nicht noch einmal sehen, da die Begegnung mit ihm schon beim ersten Mal nicht hilfreich gewesen war. Aber diesmal verlangte ich nach einem Pflichtverteidiger. Ich hatte während meines ersten Gewahrsams feststellen müssen, dass einige Verhaltensweisen der Polizeibeamten nicht legal gewesen waren. Da ich mittlerweile sehr erschöpft war, zweifelte ich daran, mich weiterhin wehren zu können, wenn sie mich erneut auf unredliche Weise mit ihren suggestiven Fragen bedrängten. Aber dies war nicht der einzige Grund, warum ich nun um rechtlichen Beistand bat. Bei den drei Beamten lagen die Nerven blank, ich regte sie auf, denn ich war ein dreckiger

Lügner – davon waren sie zumindest überzeugt. Ich ahnte, dass sie alles daransetzen würden, mich in Widersprüche zu verwickeln – und das wäre beinahe auch geschehen. Wie ich es vorausgesehen hatte, kam der Inspektor ein weiteres Mal mit Nachdruck auf die Verletzung von Lounas Zungenbändchen zu sprechen. Er deutete an, sie sei möglicherweise durch Sabrina verursacht worden, ohne Absicht. Ich erwiderte aufgebracht: »Wie soll man diese Verletzung denn mit einem Kautschuk-Schnuller zustande bringen, ohne dass es mit Absicht geschieht?«

»Das kannst du uns jetzt sagen …«

Da fuhr ich aus der Haut: »Das ist ja purer Sadismus, was Sie hier andeuten! Wissen Sie überhaupt, was es heißt, das Zungenbändchen abzureißen? Das ist keine Kleinigkeit! Da müsste man ganz schön zur Sache gehen!«

Außer mir vor Wut, schlug ich mit der Faust heftig auf den metallenen Schreibtisch des Inspektors. Seine Stifte vibrierten, und der Schlag war bis in die angrenzenden Räume zu hören. Die anderen Beamten glaubten wohl, ich würde ihm gleich an die Gurgel gehen, stürmten vom Flur herein und packten mich. An diesem Punkt sagte ich mir: *Nimm dich zusammen und beruhige dich, sonst fallen sie noch über dich her, und du musst richtig was einstecken.*

Kurz darauf legten mir die Beamten erbarmungslos wieder Handschellen an, und ich erfuhr, dass ich bei der Durchsuchung unserer Wohnung zugegen sein musste. Ich lebte zu diesem Zeitpunkt mit meiner Lebensgefährtin in einer kleinen Wohnung in Saint-Max, einem Vorort von Nancy mit etwa zehntausend Einwohnern. Auf dem Gefängnisgang, wo die Zellen sich aneinanderreihten, warf ich sofort einen Blick in Richtung der Zelle, wo Sabrina eingesperrt war. Als wir daran vorbeikamen, konnte ich kurz zu ihr hineinsehen. Sie war ganz blass, es ging ihr offensichtlich schlecht. Ich flüsterte ihr aufmunternd zu: »Ich liebe dich.« Sie antwortete mit einem traurigen Lächeln: »Ich dich auch.« Die Polizeibeamten hatten bemerkt, dass wir ein paar Worte miteinander gewechselt hatten, aber ihren Inhalt nicht verstanden. Sie waren überzeugt, dass es um den Polizeigewahrsam ging und wir versucht hatten, uns im Hinblick auf wichtige Aussagen zu verständigen. Sie behaupteten sogar, dass Sabrina imstande sei, von den Lippen zu lesen. Diese Fähigkeit hätte es ihr gestattet, meine Botschaft zu »entziffern«, während sie selbst nichts gehört hatten. Da alles, was in den Zellen und auf den Gängen geschieht, von Kameras aufgezeichnet wird, sahen sich die Beamten die Aufnahmen mehrmals an, um unsere Worte zu rekonstruieren. Das zeigt, in welchem Maße sie bereits von unserer Schuld überzeugt waren. Für sie gab es keine Unschuldsvermutung mehr, falls es die überhaupt je gegeben hatte. Für die Polizei war unsere Schuld Gewissheit.

Der Vorteil eines Polizeiautos im Einsatz besteht darin, dass man stets Vorfahrt hat und sich über Verkehrsregeln hinwegsetzen darf. Wir fuhren also wieder in halsbrecherischem Tempo los, überquerten die Meurthe – den Fluss, der Nancy von Saint-Max trennt – und erreichten unser Ziel in Rekordzeit. Neben dem Wohnblock, in dem ich lebe, steht ein kleines Doppelhaus. Genau in dem Augenblick, da ich aus dem Wagen stieg, kam eine Nachbarin aus dem Haus. Als sie mich in Handschellen erblickte, stand ihr die Verblüffung ins Gesicht geschrieben, und sie brachte kein Wort heraus. Da ich ein höflicher Mensch bin, hatte ich sie stets gegrüßt, wenn ich ihr begegnet war, und so hielt sie mich für einen sympathischen jungen Mann, der zwar gerne feiert, aber keinesfalls Böses im Schilde führt. Jetzt wandte meine Nachbarin den Blick ab und ging ohne ein Wort weiter, dachte sich aber mit Sicherheit ihren Teil.

Sie wird mich gewiss nie wieder grüßen oder mit mir sprechen. Wenn man im Verdacht steht, seine kleine Tochter misshandelt zu haben, dann verbreitet sich das Gerücht in Windeseile, auch wenn nichts dran ist. Und ganz schnell wird man zu einem Aussätzigen.

In unserem kleinen Wohnblock waren wir die Einzigen, die einen kleinen Garten hatten. Da er zuvor nie gepflegt worden war, handelte es sich um Brachland, aber mit der Hilfe meiner Schwiegereltern hatte ich es auf Vordermann gebracht. Wir hatten die Hecken geschnitten und Blumenbeete angelegt, und schon war dieses hübsche Fleckchen Erde nicht wiederzuerkennen. Vermutlich aus Neid hatte unser Nachbar in der vierten Etage sich einen Spaß daraus gemacht, Katzenstreu und volle Aschenbecher zu entsorgen, indem er sie hinunterkippte.

Ich war mit vierzehn Jahren nach Saint-Max gezogen, und von Anfang an hatte ich dort intensiv am sozialen Leben teilgenommen. Ich war überall bekannt, aber geholfen hat mir das nicht. Tatsächlich wurde nach unserer Rückkehr jeder Einkauf im Supermarkt zu einem Spießrutenlauf. Die Leute musterten uns, sie tuschelten miteinander und wandten sich von uns ab. In einem solch feindseligen Klima blieb uns kaum etwas anderes übrig, als umzuziehen. Wir wussten zwar zunächst noch nicht wann und wohin, aber selbst wenn es uns gelingen würde, unsere Unschuld zu beweisen – unser Ausschluss aus der Gemeinschaft war besiegelt und ließ sich nicht mehr rückgängig machen. »Es gibt keinen Rauch ohne Feuer«, würden die Leute weiterhin über uns denken.

Die Entscheidung kam dann allerdings ohne unser Zutun: Im Mai 2012 ging ein sintflutartiger Regen über der Stadt nieder, der regelrechte Schlammlawinen auslöste. Sie walzten alles auf ihrem Weg nieder. Das Unwetter schwemmte Autos fort und überflutete Keller und Parkhäuser. Nichts konnte die Wassermengen aufhalten. Hätten wir eine Wohnung in den oberen Etagen gehabt, so wären wir verschont geblieben; aber da wir im Erdgeschoss wohnten, verloren wir alles. Der materielle Verlust war eine Katastrophe, aber das Ereignis war auch die Gelegenheit, buchstäblich zu neuen Ufern aufzubrechen und umzuziehen. Die Atmosphäre war zu bedrückend geworden.

In der Wohnung stellten die Polizeibeamten alles auf den Kopf. Sie hoben die Matratzen aus den Betten, leerten die Wandschränke und den Kühlschrank, kehrten die Taschen der Kleidungsstücke, die an der Garderobe hingen, von innen nach außen und rissen meine Schallplatten aus ihren Hüllen. Sie überprüften sogar die Haltbarkeitsdaten der vorhandenen Lebensmittel, wahrscheinlich um nachzuprüfen, ob wir Lysa und Louna etwas Verdorbenes zu essen gegeben hatten. Wie entfesselt waren sie auf ihrer Suche. Ich spürte, dass sie zu allem bereit waren, um einen Beweis oder zumindest ein Indiz, ganz gleich welcher Art, zu finden, und mich endgültig in die Knie zu zwingen. Während ich sie beobachtete, sagte ich mir: *Illusionen brauche ich mir wahrlich keine mehr zu machen. Diese Leute wollen nur eines: mich im Gefängnis sehen.*

Der Vollständigkeit halber nahmen sich die Polizisten auch die Kellerräume vor, falls ich dort Waffen oder Drogen versteckt hätte. Sie machten Fotos von den Örtlichkeiten, die sie inspizierten, Unmengen von Fotos, die allesamt in meine Akte wanderten. Ich musste dieser endlos währenden Prozedur im Stehen beiwohnen. Irgendwann konnte ich nicht mehr und setzte mich einfach auf unser Klappsofa. Blitzartig stürzten sich die beiden Beamten auf mich, da sie wohl annahmen, ich könnte einen Revolver zwischen den Polstern versteckt haben. Aber insgesamt gelang es ihnen nicht, auch nur das geringste Beweisstück auszumachen. Das beunruhigte sie und verschlechterte ihre Laune zusehends. Dann aber hellten sich ihre Gesichter plötzlich auf. Ich möchte sogar behaupten, dass ich sie noch nie so fröhlich gesehen hatte. Irgendwo hatten sie eine Babywippe hervorgezogen. In diesen tiefen Sitz hatten wir Louna manchmal gelegt, wenn wir sie aus ihrer Wiege genommen hatten. Der Beamte hielt mir die Wippe so triumphierend unter die Nase, als hätte er eine bahnbrechende Entdeckung gemacht: »Fällt Ihnen nichts auf?«

»Nein, wir benutzen diese Wippe, um unser Baby ein wenig zu schaukeln. Ich verstehe nicht, was daran das Problem ist …«

»Ihnen ist also nichts aufgefallen? Der Verschluss des Haltegurts ist kaputt!«

»Das mag sein. Aber Louna kann unmöglich herausfallen, denn die Wippe ist so tief, dass ein Baby darin liegt wie in einer Tasche. Außerdem stellen wir sie immer auf den Boden, niemals auf ein Möbelstück.«

»Ihnen ist hoffentlich klar, dass Sie damit grob fahrlässig gehandelt haben?«

Jetzt war der Zeitpunkt gekommen, da ich meinen Ärger nicht mehr zurückhalten konnte. Mit scharfer Stimme erwiderte ich: »Sie haben eine Babywippe mit defektem Verschluss gefunden, das ist doch wirklich keine Katastrophe! Wenn Sie die unglückseligen Personen kontrollieren, die auf der Straße mit ihren Babys betteln, dann fragen Sie die doch auch nicht, worin sie ihre Kleinen transportieren, oder?«

Die Beamten nahmen meine Empörung jedoch nicht ernst. Sie waren fündig geworden, und das war für sie ein Grund zum Jubeln.

In der Zwischenzeit war meine Anwältin bei der Abteilung Jugendschutz eingetroffen. Maître Odile Laumônier war etwa fünfzig Jahre alt und brachte mir keine besondere Sympathie, aber auch keine Feindseligkeit entgegen. Sie sprach stets in einem sehr neutralen Ton mit mir. Bei unserem ersten Gespräch, das wir unter vier Augen führten, erklärte sie mir, warum die von ihr eingesehene Akte nichts gegen mich enthielt, sie mir aber dennoch keine besondere Hoffnung machen könnte. Ohnehin konnte sie mir nicht viel helfen: Ihre Rolle bestand nicht darin, als Trösterin aufzutreten, sondern sie sollte mir eine Art Schutz bieten, indem sie darauf achtete, dass alles ordnungsgemäß ablief. Ich hatte aber auch nicht nach einem Anwalt verlangt, um mentalen Zuspruch zu bekommen, sondern um jemanden in meiner Nähe zu wissen, der bei Befragungen eingreifen würde, die tendenziell nicht rechtens, wenn nicht gar völlig gegen das Gesetz waren. Wenn man übermüdet und von unzähligen Fragen zermürbt ist, wenn man viel zu wenig geschlafen und gegessen hat, bringt man unter Umständen nicht mehr genug Kraft auf, um sich gegen rechtwidrige Praktiken der Polizeibeamten angemessen zur Wehr zu setzen. Oft genug kommt es vor, dass man in einem Zustand der Benommenheit nicht einmal mehr merkt, worum es eigentlich geht.

Zu Beginn eines Polizeigewahrsams werden alle persönlichen Habseligkeiten, die man nicht bei sich tragen darf, inventarisiert. Das gilt insbesondere auch für das Handy. Bei mir war es so, dass ein Inspektor während eines Verhörs plötzlich mein Handy auf den Tisch legte und von mir verlangte, es zu entsperren. Er wollte den Nachrichten- und Gesprächsverlauf einsehen. Anstatt mich gegen seine Aufforderung zu wehren, kam ich ihr nach. Warum habe ich so widerstandslos gehorcht? Die Polizei setzt ganz bewusst darauf, dass eine Person, die bei einem Polizeigewahrsam auf der Anklagebank sitzt, nach und nach ihren Scharfblick verliert. Die Zeit spielt den Polizeibeamten in die Hände, wenn die Anspannung der Erschöpfung und dann einer gewissen Resignation weicht. Man will keine neuen Auseinandersetzungen, weil jeder Widerspruch bedeutet, sich auf einen Kampf einzulassen, der von vornherein verloren ist. Niemals wird man als Angeklagter das letzte Wort behalten. Also teilt man sich seine Kräfte sorgsam ein, um die verbleibende Energie darauf zu verwenden, die Vorwürfe abzustreiten. Abgesehen davon zieht man den Kopf ein, nimmt alles hin und kommt widerstandslos allen Aufforderungen nach. Ich war mir über meinen geschwächten Zustand sehr wohl im Klaren, deshalb hatte ich ja um rechtlichen Beistand gebeten. Der Erfolg war durchschlagend: Kaum war die Anwältin an meiner Seite, änderten sich der Tonfall der Polizeibeamten und ihre Art, mich anzusprechen, grundlegend. Auch wenn sie mich weiterhin duzten, kam ich mir nach meinen bisherigen Erfahrungen beinahe vor wie im Ferienlager. Zwischen der Art, wie mein erster und wie mein zweiter Polizeigewahrsam ablief, lagen Welten. Vor der Intervention der Anwältin traten die Polizeibeamten harsch und sogar aufbrausend auf. Sie versuchten auch mehrfach, mich so zu provozieren, dass ich aus der Haut fuhr. Zwar zeigten sie sich auch in der Anwesenheit der Anwältin nicht freundlich oder zuvorkommend, aber sie waren auf der Hut, da sie auf keinen Fall riskieren wollten, dass das Ganze aufgrund von Verfahrensfehlern für nichtig erklärt würde. Denn dann hätten sie sich nicht nur eine Rüge ihrer Vorgesetzten eingefangen, sondern auch noch einmal ganz von vorn anfangen müssen.

Nach unserer Rückkehr von der Hausdurchsuchung führten sie mich zunächst in ihr Büro, um Bilanz zu ziehen. Gleich zu Beginn brachten sie noch einmal die Babywippe mit dem defekten Verschluss auf den Tisch, die, wie sie es nannten, »ungeeignet« sei.

»Es ist erbärmlich, ein Baby in eine Wippe zu legen, die

in einem solchen Zustand ist! Mit einem derartigen Beweisstück sieht es nicht gut für Sie aus!«

Endlich hatten sie einen Ansatz gefunden, den sie weiter-
verfolgen wollten: »Haben Sie oft mit Ihrer kleinen Tochter
gespielt?«

»Ja, so wie alle Väter mit ihren Kindern spielen …«

»Sie haben sie auch hochgehoben und in die Luft geworfen, oder? Man nennt das ›den Flieger machen‹, nicht
wahr?«

Ich begriff nicht, worauf sie hinauswollten, und so bejahte ich ihre Fragen.

»Was für eine Schande! Das ist ja ein bodenloser Leicht-
sinn!«

In diesem Augenblick sah ich vor mir, wie ich mit Louna
spielte. Der Winter war besonders kalt gewesen, die Tem-
peraturen fielen des Öfteren auf minus fünfzehn Grad. Um
Louna schön warm zu halten, hüllten wir sie immer in dicke
Kleiderschichten. Sie liegt neben mir auf dem Sofa, einem
alten Sofa mit Sprungfedern. Um Louna ein wenig zu schaukeln, drücke ich das Polster herunter und lasse es wieder
los, und Louna wippt sanft auf und ab und lacht fröhlich.
Manchmal hebe ich sie auch vorsichtig über meinen Kopf,
bevor ich die Hände für einen Moment von ihr löse und sie
sogleich wieder auffange …

Ich wurde aber schnell wieder aus diesen wehmüti-
gen Erinnerungen an schöne Augenblicke unseres glücklichen Familienlebens gerissen. Die Polizeibeamten fanden
dieses harmlose Spiel alles andere als lustig: »Das ist das

Schlimmste, was man einem Kind antun kann! Haben Sie sich denn gar keine Vorstellung davon gemacht, wie gefährlich das ist?«

Ich wusste nicht, was ich darauf antworten sollte, und so sagte ich gar nichts.

»Ich habe selbst auch Kinder, aber solche Spielchen mache ich weiß Gott nie mit ihnen. Eine ungeschickte Bewegung, und Ihre Tochter fällt auf den Fliesenboden und erleidet einen Schädelbruch. Haben Sie daran jemals gedacht?«

Am schlimmsten fand ich, dass sie das anscheinend tatsächlich ernst meinten. Einen Augenblick stellte ich mir vor, wie ihr Leben aussah: Ich sah vor mir, wie sie bei sich zu Hause mit ihren Babys spielten … Aber wie? Vielleicht mit der elektrischen Eisenbahn? Ihrer Meinung nach war ich ein furchtbarer Vater, der sein Kind großen Gefahren aussetzte, da mochte meine Tochter noch so sehr ihren Spaß dabei gehabt haben. Mein schlechtes Gewissen regte sich nun doch, und ich fragte mich, ob ich tatsächlich unvorsichtig gewesen war. Dabei spielten viele Väter auf diese Weise mit ihren Kindern – die waren doch auch keine Verbrecher! Waren sie genauso dumm wie ich?

Auf diese Frage habe ich bis heute noch keine Antwort gefunden, und auch jetzt, Jahre später, frage ich mich das hin und wieder. Es stimmt natürlich, ich hätte danebengreifen und Louna fallen lassen können. Sie hätte fallen und der Aufprall hätte so heftig sein können, dass sie das Bewusstsein verlieren, möglicherweise sogar hätte sterben können. Aber ob ich nun fahrlässig mit meiner Tochter umgegangen bin oder nicht – ich habe nie wieder »den Flieger« mit meinen Kindern gemacht. Immer wenn ich diese Begebenheit scherzhaft zum Besten gebe, beschleicht mich ein Gefühl der Verlegenheit, das ich zum Glück hinter einem Lächeln verbergen kann. Selbst wenn ich beim Erzählen dieser Geschichte lache, verspüre ich ein Unbehagen, das sich trotz aller Anstrengungen und Argumente beharrlich hält. Auch wenn ich weiß, dass es nicht so ist, denke ich: Habe ich trotz aller Liebe, die ich für Louna empfinde, das Leben meiner kleinen Tochter gefährdet?

Auch während des zweiten Verhörs gab es einen heiklen Moment: als die Beamten die Möglichkeit in den Raum stellten, ich könnte Louna sexuell missbraucht haben. Die Anwältin gebot dem Beamten auf der Stelle mit aller Entschlossenheit Einhalt, indem sie zu mir sagte: »Auf Fragen in diese Richtung sollten Sie nicht antworten!« Daraufhin nahmen sie von weiteren Andeutungen Abstand.

5. Die Konfrontation mit Sabrina

Während dieses zweiten Polizeigewahrsams habe ich sehr viel mehr Zeit in meiner Zelle verbracht als bei der Vernehmung. Nach der Hausdurchsuchung strebten die Polizeibeamten keine weitere Befragung an, da sie glaubten, einen weitaus größeren Trumpf im Ärmel zu haben, für mich eine höchst schmerzliche Sache: die Konfrontation mit Sabrina. Sie fand in dem Büro statt, in dem ich bereits saß. Als meine Lebensgefährtin den Raum betrat, war ihr Anblick ein Schock für mich: Es war unmöglich, ihr nicht anzusehen, wie krank sie war. Ihr Gesicht sprach Bände. Ich muss auch nicht gerade umwerfend ausgesehen haben. Sabrina sagte mir später, die dunklen Ringe unter meinen Augen wären in meinem extrem blassen Gesicht besonders auffällig gewesen. Sie fasste ihren Eindruck in seltsame Worte: »Du wirktest wie seelenlos.« Wir durften nicht nebeneinander Platz nehmen. Mit der größtmöglichen Entfernung saßen wir einander gegenüber, zwischen uns die Rechtsanwältin. Wir durften uns nicht umarmen oder ein paar Worte miteinander wechseln. Außerdem wollten die Inspektoren nicht, dass wir einander ansahen. Sie befürchteten, dass wir uns auf diese Weise über unsere Aussagen verständigen könnten. Eine Besonderheit verblüffte mich: Während sie Sabrina siezten, wurde mir diese Höflichkeit nicht zuteil. Wir wurden nacheinander befragt, mussten auf die gleichen Fragen antworten, meistens ich zuerst. Sie wollten unbedingt wissen, wer von uns Louna gewickelt und wer ihr das Fläschchen gegeben hatte. Da man sich nicht unbedingt so genau daran erinnert, wer zwei Wochen zuvor was getan hat, antwortete ich ausweichend, denn ich wollte keinen Fehler machen. Schließlich gaben wir unserem Baby mehrmals am Tag ein Fläschchen, manchmal auch nachts. Da war es mir unmöglich, mich daran zu erinnern, wer wann an der Reihe gewesen war. Die große Blondine mit dem slawischen Akzent, die schon beim Abholen aus meiner Wohnung zum Team gehört hatte, schlug unverzüglich einen aggressiven Ton an: Eine spitze Bemerkung folgte auf die nächste. Sie kritisierte unter anderem, dass ich nicht in der Lage sei, mich an irgendetwas zu erinnern. Ich war offenbar ein rotes Tuch für sie, von meiner Schuld war sie ohnehin überzeugt. Bei Sabrina wollte sie unter Umständen noch daran glauben, dass sie gute Absichten gehabt hatte, aber was mich betraf, stand ihre Meinung fest. Was hatte sie veranlasst, ein so harsches Urteil über mich zu fällen? Sabrina hatte ihr gestanden, dass sie nachts nicht immer aufwachte, wenn Louna weinte oder Hunger hatte, weil sie einen sehr festen Schlaf hat. Das brachte ihr zunächst einmal eine richtiggehende Moralpredigt ein. Sie musste sich vorwerfen lassen, dass es ihr an wahrer Mutterliebe fehlte, da eine wirkliche Mutter beim leisesten Geräusch ihres Babys aufspringt, so die

Worte der Inspektorin. Anschließend versuchte sie, Sabrina zu beeinflussen: Wenn sie einen tiefen Schlaf hatte und ich oft aufstand, um mich um Louna zu kümmern, dann konnte sie doch nicht mit Gewissheit sagen, dass ich unschuldig sei. Dieses Argument ließ sich nicht so leicht entkräften: Hätte ich Louna tatsächlich misshandelt, so hätte Sabrina das gar nicht mitbekommen, da sie schlief! Aber selbst mit dieser grandiosen Gedankenführung konnte die Inspektorin Sabrina nicht dazu bringen, an mir zu zweifeln. Sabrina schwieg aber eine Weile, weil sie darüber nachdachte, wie sie dieser ebenso geschickten wie gemeinen Argumentation entgegentreten könnte. Ihr Schweigen wurde jedoch auf der Stelle als Eingeständnis meiner möglichen Schuld angesehen. Dieses übelwollende Misstrauen verstörte meine Lebensgefährtin zutiefst. Selbst wenn diese Argumentation insgesamt rein gar nichts bewies, haderte sie mit sich, denn sie hatte sich in die Enge treiben lassen und nicht auf der Stelle die passende Erwiderung gefunden. Schuldgefühle bei jemandem zu wecken ist der effektivste Weg, um auch Zweifel bei ihm zu säen. Und darin witterten die Polizeibeamten ihre Chance. Sie mussten uns ja auseinanderbringen, nur dann kamen sie ihrem Ziel näher, uns ein Geständnis abzuringen. Also zogen sie alle Register. Dabei spielten auch die Gutachten des Psychiaters Francis Boquel eine Rolle. Er hatte auch Sabrina untersucht und war – genau wie bei mir – nach fünf Minuten zu seinem Urteil gelangt. Als er sie am Tag zuvor gesehen hatte, wusste sie nicht, wie es Louna ging, die auf der Intensivstation lag. Trotz der Versprechen der Polizeibeamten, die ihr immer wieder versichert hatten, sie auf der Stelle zu informieren, wenn es Neuigkeiten gäbe, hatte sie keine Ahnung, ob sich der Zustand unseres Babys stabilisiert oder verschlechtert hatte, und vor allem wusste sie nicht, ob weiterhin Lebensgefahr bestand. Wie jede Mutter, deren Baby in Lebensgefahr schwebt, war Sabrina in Tränen aufgelöst und wusste vor Angst weder aus noch ein. Der Psychiater jedoch berücksichtigte diesen Grund für ihre Verzweiflung nicht. Er sah sie nicht als Reaktion, sondern als Ausdruck ihrer instabilen Persönlichkeit. Seiner Einschätzung nach war Sabrina eine psychisch schwache, unreife, depressive Person, die mit Selbstmordabsichten zu kämpfen hatte. Natürlich war sie damit auch nicht in der Lage, mir etwas entgegenzusetzen. Ich hatte sie beeinflusst und davon überzeugt, dass man mich zu Unrecht anklagte. Sie hatte sich von mir hereinlegen lassen. Sabrina war nicht zurechnungsfähig: Ihre psychische Haltlosigkeit hatte ihr jedes Urteilvermögen genommen und sie blind gemacht.

Die Geschichte mit den Fläschchen zog sich quälend in die Länge. Immer wieder wurden die gleichen Fragen gestellt und die gleichen Antworten gegeben. Wir drehten uns im Kreis. Als den Beamten klar wurde, dass es ihnen nicht gelingen würde, uns zu widersprüchlichen Aussagen zu verleiten oder uns gegeneinander auszuspielen, beschlossen sie, die Konfrontation zu beenden. Sie hatte fünfzehn oder zwanzig Minuten gedauert. Wütend und ratlos fuhr uns der Inspektor an:

»Nun gut, das war's. Sie gehen beide zurück in Ihre Zellen.«

Ich stand als Erster auf. Bevor ich das Zimmer verließ, wechselten Sabrina und ich einen sorgenvollen Blick. Die vierundzwanzig Stunden des zweiten Polizeigewahrsams neigten sich dem Ende zu, aber was würde danach geschehen?

Als hätte der Inspektor unsere Gedanken gelesen, gab er uns folgende Warnung mit auf den Weg: »Wir wissen noch nicht, wo das alles hinführt, aber ich rate Ihnen, sich schon mal auf eine Untersuchungshaft gefasst zu machen.«

Da uns nicht ganz klar war, was das bedeutete, und wir ihn ein wenig ratlos ansahen, fügte er hinzu: »Ja, ganz recht, Untersuchungshaft, also im Grunde: Gefängnis.«

Ich machte mir keine großen Illusionen mehr über unsere Chance, noch am selben Abend hier herauszukommen, aber diese Ankündigung bedeutete gewissermaßen den Todesstoß. Angst stieg in mir hoch. Es war eine körperliche Angst, die mich bald fest im Griff hatte. Jede Faser meines Körpers sträubte sich dagegen, hinter den hohen Mauern des Gefängnisses von Nancy eingesperrt zu werden. Sorgenvoll dachte ich an Sabrina, die so fügsam und zerbrechlich war, an die notwendige medizinische Versorgung, die ihr nicht zuteilwerden würde, und an die schrecklichen Folgen, die das haben konnte. Das alles hier war nicht normal, nicht gerecht: Wir waren unschuldig, das hatten wir unablässig beteuert. Und dennoch schlug das Schicksal so erbarmungslos zu. In diesem Augenblick war für mich der letzte Funke Hoffnung auf unsere Freilassung erloschen.

SABRINA

6. Bin ich denn gestört?

Bis ich siebzehn Jahre alt war, wusste ich nicht, dass permanent ein Damoklesschwert über meinem Kopf schwebte. Als ich mit zahlreichen Ödemen am ganzen Körper bei den Ärzten auftauchte und mich vor Schmerzen krümmte, herrschte ratloses Staunen. Die Mediziner fanden keine Erklärung dafür, dass mein Gesicht, meine Hände oder mein Bauch urplötzlich auf das Dreifache ihres Umfangs anschwollen. Also mussten sie eine pragmatische Lösung finden, um ihr Unwissen zu verschleiern: Ich war gestört! Bevor sie zu diesem Schluss gelangten, vermuteten sie zunächst eine allergische Reaktion auf Bienen oder eine Lebensmittelunverträglichkeit. Ich musste also die fliegenden Tierchen sorgsam meiden und außerdem genau aufschreiben, welche Nahrungsmittel ich zu mir nahm. Diese Anweisungen befolgte ich akribisch, jedoch ohne Erfolg. »Um eine Allergie handelt es sich nicht!«, stellten sie nun schulmeisterlich fest. Ich war zwar beruhigt, was dieses Thema anging, aber das brachte mich nicht weiter. Nachdem sie alle möglichen Hypothesen, die diese Ödeme hätten erklären können, widerlegt hatten, kamen sie in ihrer Hilflosigkeit zu dem Schluss, dass das Ganze psychosomatisch sein musste: Stress, nichts anderes, war die Ursache. Um mich davon zu überzeugen, gingen sie vor wie Émile Coué mit seiner Methode der bewussten Autosuggestion: Immer wieder trichterten sie mir ein, dass es Angst sei, die sich ihren Weg durch alle Poren meiner Haut bahnte. Ihre Argumentation lautete vereinfacht: Da ich unablässig negativen Gedanken nachhing, reagierte mein Körper auf seine Weise, um sich gegen dieses Übermaß an Negativität zu wehren. Aber auch wenn sie sich redlich mühten, mich davon zu überzeugen, dass das des Rätsels Lösung sei, schenkte ich ihren Worten keinen Glauben. Ich war ein fröhliches junges Mädchen, das mit seinen beiden Schwestern und seinen Eltern harmonisch zusammenlebte. Ich lachte gern, tanzte gern und ging gern feiern. Es gab nichts, das mich quälte. Aber die hohen Herren der Ärzteschaft behaupteten genau das: Ich war eine eingebildete Kranke, um nicht zu sagen übergeschnappt. Und letztlich blieb mir nichts anderes übrig, als mich mit dieser Einschätzung zufriedenzugeben.

Im September 2010 landete ich wieder einmal im Krankenhaus. Unmittelbar vor meiner Aufnahme hatte ich vier Anfälle von akuter Atemnot erlitten. Ich wurde als Notfall auf die Intensivstation gebracht, wo ich trotz des Sauerstoffzeltes über mir nur mühsam Luft bekam. Bei meiner Einlieferung ins Krankenhaus Brabois von Nancy hatten die Spezialisten zunächst gedacht, dass es sich um ein Quincke-Ödem handele, weil mein Hals äußerlich und auch innerlich extrem angeschwollen war. Ein echter Notfall: Bei einer weiteren Zunahme der Schwellung würde die Luft meine Lungen nicht mehr erreichen und tatsächlich Erstickungsgefahr bestehen. Die eingehende Untersuchung ergab, dass auch mein Brustkorb beengt war. Es hatte sich Flüssigkeit unbekannter Herkunft angesammelt, was zunächst unentdeckt geblieben war. Dadurch wurde Druck auf meine Lungen und mein Herz ausgeübt, was die unerträglichen Schmerzen erklärte.

Es war also sehr wichtig, eine Behandlung einzuleiten, die den Schwellungen Einhalt gebot. Noch wichtiger war jedoch herauszufinden, woran ich litt. Hinsichtlich der Diagnose traten die Ärzte auf der Stelle. Würden auch sie, so wie einige andere Ärzte zuvor, behaupten, dass ich mein Leiden gewissermaßen selbst verursachte? Einer von ihnen wollte nicht in den Sirenengesang eines psychosomatischen Krankheitsbildes einstimmen und stellte erstmals eine seriöse Hypothese auf. Seine Frau war Allergologin und Spezialistin für seltene Erkrankungen. Sie arbeitete mit dem CREAK zusammen, dem nationalen Zentrum, das alle Erscheinungsbilder von Angioödemen zusammenträgt, auswertet und listet. In meinem Fall glaubte dieser Arzt Anzeichen einer Krankheit zu erkennen, mit der seine Frau sich beschäftigte. Nachdem er zunächst geschwiegen hatte, sagte er plötzlich und unvermittelt zu mir: »Meine Frau ist Spezialistin für seltene Krankheiten. Ich werde ihr von Ihrem Fall berichten.«

Das hat er auch getan, und sie riet mir, mich einer speziellen Blutuntersuchung zu unterziehen. Ich erklärte mich einverstanden, und mir wurden mehrere Blutproben entnommen, die eilig nach Grenoble geschickt wurden, um in einem auf genetische Krankheiten spezialisierten Labor untersucht zu werden. Normalerweise dauert es einen Monat, bis die Ergebnisse vorliegen, aber da mein Zustand sich so rapide verschlechterte, bekam ich sie bereits nach fünf Tagen.

Nie werde ich jenen Augenblick vergessen, als ein Arzt im weißen Kittel in mein Krankenzimmer kam und mir mit besorgter Miene verkündete: »Mademoiselle Sabrina Dietsch, ich habe jetzt die Ergebnisse Ihrer Blutproben.«

Er redete ganz offen mit mir: Ich war tatsächlich Trägerin einer seltenen genetischen Krankheit. Ihren grausamen Namen musste ich mir mehrmals wiederholen lassen. Ich litt an einem hereditären Angioödem Typ eins! Damit war das schreckliche Urteil gesprochen. Es löste allerdings zwiespältige Gefühle in mir aus: Einerseits war ich erleichtert, nicht verrückt zu sein und endlich zu wissen, welche Krankheit mich seit meiner Kindheit plagte und mir das Leben phasenweise zum Albtraum machte. Andererseits bedrückte mich natürlich die Vorstellung, von einer unheilbaren Krankheit betroffen zu sein.

Da es sich um einen dominant vererbten Gendefekt handelte, der verstärkt bei Frauen auftritt, wurden alle Mitglieder meiner Familie mütterlicherseits getestet, einschließlich meiner Großtanten. Danach stand zweifelsfrei fest, dass auch meine Mutter und meine ältere Schwester Trägerinnen dieser Krankheit waren.

Einer der Ärzte verordnete mir das Medikament Danazol in hoher Dosierung, um ein erneutes Auftreten der Ödeme zu verhindern. Danazol ist ein Testosteronderivat und gehört zu den Androgenen – ein männliches Hormon also, das den Eisprung unterdrückt. Folgsam unterzog ich mich der Behandlung und hoffte, dass sie mir, wenn schon nicht Heilung, so doch Linderung bringen würde. Dann bekam ich aber mit, wie einer der Spezialisten zu dem behandelnden Kollegen sagte: »Wir müssen dieses Medikament unbedingt wieder absetzen. Sie nimmt es jetzt schon drei Wochen, es besteht die Gefahr, dass sie steril wird. Vielleicht ist es sogar schon so weit gekommen …«

Der Internist, mit dem er im Gespräch war, senkte die Stimme und raunte ihm zu: »Vorsicht, die Patientin liegt hier im Zimmer. Sie kann Sie hören …«

Eine Welt brach für mich zusammen. Es war immer mein Traum gewesen, eine Schar von Kindern um mich zu haben. Eine große Familie gehörte für mich zum Leben dazu. Und jetzt musste ich hören, dass ein solcher Lebensentwurf für mich höchst fraglich war. Es war unvorstellbar für mich, meinen Kinderwunsch aufzugeben. Kurz darauf erschienen die Ärzte bei mir, um die Verordnung dieses Medikaments zu rechtfertigen. Sie erklärten, dass sie sich nach einer »Nutzen-Risiko-Abwägung« so entschieden hätten: Dieses Medikament würde mir Linderung verschaffen, allerdings meine weiblichen Hormone zerstören. Das brauchten sie mir nicht weiter zu erklären, ich hatte bereits genug gehört … Aber vielleicht bestand doch weiterhin eine kleine Chance, irgendwann Mutter zu werden? Ich beschloss, mich an diese Hoffnung zu klammern, um nicht zusammenzubrechen.

7. Weil er er war, weil ich ich war …

Drei Monate vor meiner Diagnose hatte ich Yoan auf einer Party bei einer Freundin in den Vogesen zum ersten Mal getroffen. Aber wirklich kennengelernt habe ich ihn auf virtuellem Weg, auf Facebook. Wir verbrachten Stunden damit, uns im privaten Chat über unsere Vorlieben, unsere Lebensauffassung und die Zukunft auszutauschen. Während dieser »Gespräche«, die den Zauber einer aufkeimenden Liebe hatten, entdeckten wir, dass uns viel verband: Wir liebten beide die Berge, den Schnee und lange Spaziergänge, aber vor allem war uns beiden gemeinsam, dass wir uns ein Leben ohne Kinder – ohne viele Kinder – nicht vorstellen konnten …

Wenn wir uns nicht in den sozialen Netzwerken austauschten, hingen wir am Telefon. Yoan wohnte bereits in Saint-Max bei Nancy, während ich mit meiner Familie in den Vogesen lebte. Wir konnten uns daher nur am Wochenende sehen, was jedoch nicht verhinderte, dass unsere Beziehung sehr innig wurde. Wir hatten keine Geheimnisse voreinander und konnten über alles miteinander reden. So gestand mir Yoan, dass er vor Kurzem eine problematische Beziehung beendet hatte und sich nun das Sorgerecht für seine kleine

Tochter Lysa mit ihrer Mutter teilte. Ich meinerseits habe ihm von meinen gesundheitlichen Problemen erzählt: »Ganz plötzlich treten an verschiedenen Stellen meines Körpers Schwellungen auf, aber niemand weiß, warum …« Keine Ahnung, wie sehr diese Offenheit auf beiden Seiten unsere Gefühle intensiviert hat, jedenfalls hat es zwischen uns gefunkt: Wir verliebten uns ineinander. Yoan hatte gerade eine Liebesgeschichte mit katastrophalem Ausgang hinter sich. Davon erschüttert, hatte er sich geschworen, solo zu bleiben. Nun geriet sein Vorhaben ins Wanken. Wir konnten nicht gegen unsere Gefühle ankämpfen, so sehr fühlten wir uns zueinander hingezogen. Weil er er war, weil ich ich war …

Als ich im September 2010 ins Krankenhaus kam, besuchte mich Yoan dort. Er sah sofort, dass ich in beklagenswertem Zustand war, aber da der Bluttest noch ausstand, hatte er keine Ahnung, dass ich an einer genetisch bedingten Krankheit litt. Als ich dies dann erfuhr, war ich Yoan gegenüber ganz offen damit: Es kam nicht infrage, ihm etwas so Gravierendes zu verheimlichen, umso mehr, als wir wirklich glücklich miteinander waren und es ganz den Anschein hatte, als könnte dies von Dauer sein. Ich träumte schon davon, mit ihm in einem hübschen Häuschen zu leben, wo unsere Kinder um uns herumtollten … wie im Märchen!

Dass ich an einer unheilbaren Krankheit litt, hat Yoan nicht davon abgehalten, mit mir zusammen zu sein. Er hätte sich zurückziehen und nach reiflicher Überlegung unsere Beziehung beenden können. Sicher hätten nicht wenige Männer so gehandelt, aber für ihn kam das nicht infrage. Er hat mir sogar beteuert, der Gedanke an eine Trennung sei ihm niemals auch nur ansatzweise in den Sinn gekommen. Als kleiner Junge hat er Arzt werden wollen. Das ist ein Traum geblieben, und auch sein Wunsch, Notfallsanitäter zu werden, hat sich nicht erfüllt. Krankheit hat ihm niemals Angst eingejagt, und er hätte gern in diesem Berufsfeld eine Ausbildung gemacht. Dazu fühlte er sich berufen. Da sich dies jedoch nicht realisieren ließ, hat er die Musik zu seinem Beruf gemacht und eine Prüfung als Musik- und Bühnenmoderator abgelegt. Die erworbenen Kenntnisse und sein Abschluss kamen ihm bei seiner Tätigkeit als Discjockey zugute. Allerdings wollte er dieser Arbeit nach seinen Erfahrungen im Polizeigewahrsam nicht mehr nachgehen. Man muss gute Laune und viel Energie verströmen, um die Leute auf die Tanzfläche zu bringen. Wird man von Sorgen geplagt und durch falsche Beschuldigungen in die Enge getrieben, so fühlt man sich an einem Ort, an dem andere feiern und fröhlich sein wollen, fehl am Platz: Man ist nicht mehr mit dem Herzen bei der Sache und macht seine Arbeit nicht so gut wie sonst. In einer solchen Situation ist es manchmal besser, einen Schlussstrich zu ziehen. Aber es war schmerzlich für Yoan, diese Welt zu verlassen, da die Musik seine große Leidenschaft ist. Ich selbst muss gestehen, dass es mir nichts ausmachte, dass er diese Stelle aufgab, ganz im Gegenteil. Eine Arbeit, bei der er fast jede Nacht unterwegs war, und zwar an Orten, an denen der Alkohol reichlich floss und die Frauen alles andere als zurückhaltend waren, erschien mir nicht als geeignete Tätigkeit für einen Familienvater. Ich hatte gefürchtet, dass es bei diesem Thema früher oder später zu Spannungen zwischen uns kommen würde, vor allem, weil ich selbst – wie man sich leicht denken kann – Diskotheken verabscheue.

Da Yoan ein pragmatischer Mensch ist, begann er, sich über meine Krankheit zu informieren. Zunächst hatte er sich das Schlimmste darunter vorgestellt, aber nachdem er einige Artikel zu diesem Thema gelesen hatte, wurde ihm schließlich klar, dass diese Krankheit »beherrschbar« war. Es gab Behandlungsmethoden, die die Schübe im Zaum hielten und die Zeiträume zwischen ihnen vergrößerten. Zwar war der Verlauf der Krankheit noch nicht gänzlich erforscht, doch es war möglich, ihn zu kontrollieren. Umso mehr bedrückte Yoan der Umstand, dass ich dieser Krankheit wegen wahrscheinlich keine Kinder mehr bekommen konnte. Er hatte mir gestanden, dass es zwar nicht unbedingt eine ganze Fußballmannschaft sein müsste, dass er aber gerne mindestens vier Kinder hätte und dass es toll wäre, wenn zwei Jungen darunter wären. Mir war das recht viel erschienen, aber wenn es das Schicksal zuließ, warum nicht … Wir waren uns im Prinzip also einig gewesen, aber das war, bevor die Ärzte mir bezüglich meines Kinderwunsches reinen Wein einschenkten und mir rieten, einen Schlussstrich unter diesen Traum zu ziehen. Wir ahnten nicht im Entferntesten, was das folgende Jahr für uns bereithalten würde …

8. Das Wunschkind

Wir trafen uns weiterhin, Yoan und ich, sooft unsere Ver-
pflichtungen dies zuließen. Obwohl wir gefühlsmäßig und
auch auf virtueller Ebene unzertrennlich waren, lebten wir
noch nicht zusammen. Ich wohnte bei meinen Eltern, und
angesichts meines Alters – ich war siebzehn Jahre alt – kam
nicht infrage, dass ich in nächster Zeit bei ihnen auszog, wenn
es keine zwingenden Gründe gab. Yoan wohnte in einer sehr
kleinen Wohnung; bevor ich zu ihm zöge, hätte er alles um-
stellen müssen, damit seine Tochter Lysa in den Wochen, die
sie bei ihm verbrachte, weiterhin genug Platz für sich hatte.

Ich wurde nun von der Ärztin weiterbehandelt, die den
Bluttest veranlasst hatte: Die Anfälle verschwanden zwar
nicht, konnten aber eingedämmt werden. Dennoch fühlte
ich mich im Juni 2011 zunehmend schlecht. Ich erbrach
oft Gallenflüssigkeit, was nicht zu den Symptomen meiner
Krankheit zählte. Also suchte ich meine Hausärztin auf, die
eine Ultraschalluntersuchung anordnete. Da die Aufnahmen
nichts ergaben, bat mich die Ärztin um eine Blutprobe, denn
sie befürchtete eine Bauchhöhlenschwangerschaft. Auch
hier war das Ergebnis negativ. Da ich zudem unter erheb-

lichen Schmerzen im Rückenbereich litt, wollte sie ein MRT anfertigen lassen. Ich machte mir keine übermäßigen Sorgen, da ich mir einredete, dass etwas wirklich Schlimmes bereits im Ultraschall zu sehen gewesen wäre. Am 10. Juli 2011 begleitete mich meine Tante ins Krankenhaus. Um das bestmögliche Ergebnis bei einem MRT zu erzielen, wird dem Patienten zuvor ein jodhaltiges Kontrastmittel gespritzt. Der Facharzt fragte mich am Anfang des Gesprächs, ob ich schwanger sei, da das Kontrastmittel hochgradig schädlich für einen Fötus ist. Ich antwortete ihm, dass ich meine Regelblutung gehabt hatte wie immer und dass außerdem eine Blutprobe bestätigt hätte, dass ich nicht schwanger war. Also wurde die erste Phase der Untersuchung eingeleitet, bei der noch kein Kontrastmittel gespritzt wird. Plötzlich hörte ich, wie er erschrocken seiner Assistentin zurief: »Stopp, stopp, wir müssen sofort abbrechen!«

Ich geriet in Panik. Was hatten sie denn entdeckt, dass sie sofort abbrechen wollten? Die verrücktesten Ideen schossen mir durch den Kopf. Hatten sie eine Geschwulst bemerkt? Glaubten sie, einen bösartigen Tumor gesehen zu haben? Eine Viertelstunde lag ich auf dem Untersuchungstisch, bis endlich jemand zu mir kam. Vor Angst war mir speiübel, da ich mir bereits die schlimmsten Dinge ausmalte. Der Facharzt trat neben mich und sagte zunächst lediglich: »Bitte ziehen Sie sich wieder an, ich muss mit Ihnen sprechen.«

Er war ein erfahrener Arzt, der schon viel gesehen hatte und als Spezialist auf seinem Gebiet galt. Ich konnte mir überhaupt nicht vorstellen, was er mir zu sagen hatte, und war überzeugt, dass mir eine Katastrophe bevorstand.

Als ich in sein Sprechzimmer kam, sah ich erstaunt, dass er nicht allein dort war, sondern weitere Ärzte vor Ort waren, was mich keineswegs beruhigte. Er sah mich streng und eindringlich an. Nicht den Anflug eines Lächelns schenkte er mir, als er mich nach kurzem, strengem Schweigen erneut fragte: »Sind Sie sicher, dass Sie nicht schwanger sind?«

»Ja. Es ist unmöglich, alle Untersuchungsergebnisse sind negativ. Außerdem hat man mir im Krankenhaus Nancy-Brabois, wo ich wegen meiner Krankheit in Behandlung bin, erklärt, dass meine Chancen, überhaupt noch schwanger zu werden, nur bei eins zu zehn liegen. Aber um nichts dem Zufall zu überlassen, verhüte ich auch. Ich nehme die Pille.«

»Das ist höchst erstaunlich, denn meine Kollegen und ich haben im MRT entdeckt, dass Sie im vierten oder sogar Anfang des fünften Monats schwanger sind.«

Seine Worte trafen mich wie ein Keulenschlag. Was für eine Überraschung, ich konnte es nicht fassen! Ich hatte mir solche Sorgen gemacht, dass ich bei dieser Neuigkeit eine ungeheure Erleichterung empfand. Aber im nächsten Augenblick dachte ich an all die Feiern und Feste, die ich mit Yoan besucht hatte. Ich hatte geraucht und getrunken, also all das gemacht, was bei einer Schwangerschaft nicht gut ist. Das arme Baby! Ich konnte einfach nicht glauben, dass ein solches Wunder geschehen sein sollte. Ich war überglücklich, vergaß die Ärzte um mich herum und dachte nur: Yoan und ich, wir werden alles tun, um noch weitere Kinder zu bekommen – aber was auch passiert, eines werden wir auf jeden Fall haben!

Die Stimme des Facharztes riss mich aus meiner Träumerei: »Sie gehen am besten wieder zu Ihrer Hausärztin, um mit ihr zu besprechen, wie die Schwangerschaft weiter betreut wird.«

»Können Sie mir sagen, warum sie nichts festgestellt hat und warum die Ultraschallaufnahmen auch nicht darauf hingewiesen haben?«

»Ihr Baby liegt von der Wirbelsäule verdeckt und ist auf den Aufnahmen kaum auszumachen. Hinzu kommt, dass auch die Blutuntersuchungen nicht auf eine Schwangerschaft hingewiesen haben. Und Sie haben auch noch nicht an Gewicht zugenommen. Die Schwangerschaft verläuft ziemlich untypisch …«

Als ich das Krankenhaus verließ, schwebte ich im siebten Himmel. Der Facharzt hatte mir, vermutlich angesichts meiner Überdosis an Emotionen für diesen Tag, nicht verraten, ob ich ein Mädchen oder einen Jungen erwartete. Aber das war jetzt auch unwichtig. Ich war schwanger, das war alles, was zählte! Ich rief unverzüglich meine Hausärztin an, die vermutlich vom Krankenhaus bereits über die neuen Umstände informiert worden war. Sie gab mir auf der Stelle einen Termin, sodass ich mich gleich auf den Weg zu ihr machte. Sie zeigte keine freudige Überraschung und beglückwünschte mich auch nicht, sondern fragte lediglich: »Wollen Sie es behalten?«

»Ja, natürlich!«

»Es gibt ja Wege und Lösungen … In der Schweiz und in Belgien werden Abtreibungen bis zum fünften Schwangerschaftsmonat durchgeführt.«

Das sagte sie ausgerechnet zu mir! Ich war so schockiert,

dass ich kein Wort herausbrachte. Diese Frau hatte nichts begriffen: Sie besaß keinerlei psychologisches Feingefühl, sonst hätte sie niemals mir gegenüber von Abtreibung gesprochen. Aber als ich ihre Praxis verlassen hatte, verflog mein Groll rasch wieder. Ich hatte Besseres zu tun, als mit ihren Worten zu hadern. Ich musste Yoan verkünden, dass er Vater werden würde!

Anstatt es ihm am Telefon zu sagen, hätte ich es mir auch bis zu seinem nächsten Besuch bei mir in den Vogesen aufsparen können, aber ich konnte seine Reaktion kaum erwarten. Als ich ihn endlich erreichte, platzte ich gleich mit der Neuigkeit heraus. Als er hörte, dass ich schwanger war, wollte er wissen, in welchem Monat. Ich antwortete: »Im fünften!« Nun herrschte Schweigen am anderen Ende der Leitung. Zuerst hatte er an einen Scherz geglaubt, aber dann verriet ihm mein Tonfall, dass ich es ernst meinte. Er wollte nun alles der Reihe nach hören. Seine Verblüffung war groß: Es schien ihm unmöglich, dass eine Frau bereits mehrere Monate schwanger ist, ohne ein kleines Bäuchlein zu haben … Das habe ich allerdings in den darauffolgenden Monaten mehr als wettgemacht, denn da habe ich fünfundzwanzig Kilo zugenommen! Ich habe mich immer wieder gefragt, wie man ein so unbändiges Verlangen nach Karotten oder Munsterkäse haben kann. Jeden Tag verschlang ich unglaubliche Mengen davon. Das ist umso erstaunlicher, als schwangere Frauen normalerweise eher auf außergewöhnliche Dinge aus sind oder Erdbeeren verschmähen … Mir aber stand der Sinn nach einem guten, kräftigen Munsterkäse!

Meinen Eltern habe ich nicht sofort Bescheid gesagt. Ich wartete meinen Geburtstag ab. An diesem Tag, an dem ich achtzehn Jahre alt wurde, rief ich sie an und sagte ihnen:

»Ich muss euch etwas mitteilen … ich weiß nicht, wie ihr es aufnehmen werdet, aber ich bin im fünften Monat schwanger.«

Jetzt herrschte Stille am anderen Ende der Leitung. Meine Mutter glaubte wohl, ihren Ohren nicht trauen zu können. Dann brachte sie lediglich ein paar Worte hervor: »Aber warum hast du uns das denn nicht früher gesagt?«

Sie dachte, dass ich ihr meine Schwangerschaft seit Monaten verheimlichte. Ich antwortete, dass ich selbst erst sehr spät davon erfahren hatte – und dass ich mich vor ihrer Reaktion, und noch mehr vor der Reaktion meines Vaters, gefürchtet hatte. Meine Eltern kannten Yoan doch gar nicht!

Zum Glück lag ich ganz falsch mit meiner Einschätzung! Zu meiner großen Überraschung nahm meine Mutter die Neuigkeit sehr gut auf, und für meinen Vater gilt dasselbe. Ich hatte sein Einfühlungsvermögen unterschätzt und musste mir eingestehen, dass man auch die Reaktionen besonders nahestehender Menschen niemals wirklich vorsehen kann.

Nichts lief normal, und dazu passte auch, dass ich wohl die kürzeste Schwangerschaft der Welt erlebte. Zwischen dem Zeitpunkt, zu dem ich die große Neuigkeit erfuhr, und Lounas Geburt lagen gerade einmal drei Monate! Als die Ärzte feststellten, dass das Baby nicht mehr zunahm und nicht mehr wuchs, entschieden sie, die Geburt nach acht Monaten und einer Woche einzuleiten. Für diese Probleme am Ende der Schwangerschaft war ein Medikament verantwortlich, das man mir dreimal gespritzt hatte, als ich an heftigen Unterbauchschmerzen litt, die mit erneuten äußerst schmerzhaften Ödembildungen einhergingen. Das verabreichte Medikament war bei einer Schwangerschaft kontraindiziert, da es das Wachstum des Fötus hemmt. Die Kontraindizierungen standen fettgedruckt auf dem Beipackzettel und waren eigentlich unübersehbar. Aber der Arzt wurde erst darauf aufmerksam, als es bereits zu spät war. Leider hatte er vorschnell und unüberlegt gehandelt. Bei der letzten Ultraschalluntersuchung war für Louna ein Geburtsgewicht von 3,6 Kilogramm errechnet worden. Als sie dann am 23. Oktober 2011 auf der Geburtsstation im Krankenhaus von Nancy zur Welt kam, wog sie 2,6 Kilogramm. Ein winziges Fröschchen!

Ich wollte die Geburt zwar nicht unter einer Periduralanästhesie erleben, aber mir blieb keine andere Wahl: Die Schmerzen hätten einen erneuten Schub auslösen und zu bedrohlichen Komplikationen führen können. Bevor ich die lokale Anästhesie erhielt, spritzte mir der Arzt ein Medikament namens Berinert. Dieses muss ich auch heute noch einnehmen, da es ein mir fehlendes Protein enthält, dessen Mangel zur akuten Ausbildung des hereditären Angioödems führen kann. Die Injektion wurde vor dem gesamten Ärzteteam durchgeführt: Ein Anästhesist, ein Gynäkologe und eine Hebamme waren dabei, und sie alle waren über meine gesundheitlichen Probleme im Bilde. Zu allem Unglück hatte ich mir einige Wochen zuvor eine Toxoplasmose eingefangen, die von Katzen übertragen wird. Ich weiß wirklich nicht, welche Katze das war, aber dadurch wurde ich noch engmaschiger überwacht, als es ohnehin bereits der Fall war. Während die konkrete Ursache für die Toxoplasmose nicht geklärt werden konnte, stand jedoch eindeutig fest, dass ich Trägerin einer seltenen genetischen Krankheit war. Daran ließ meine Krankenakte keinen Zweifel: Schwarz auf weiß war diese Tatsache dort für jeden mich behandelnden Mediziner einsehbar.

9. Die Macht der Ärzte

Ich kehrte zu meinen Eltern zurück, wo ich nach der Entbindung fünf Tage wohnte. Ich stillte Louna, und offenbar war meine Milch sehr gehaltvoll, denn Louna nahm in rekordverdächtiger Geschwindigkeit zu. Den Gedanken, dass sie die gleiche Krankheit haben könnte wie ich, schob ich weit weg: Die Vorstellung einer möglichen Übertragung war so sehr mit Schuldgefühlen behaftet, dass ich mir einen Schutzschild zulegte, der im Wesentlichen darin bestand, die Realität zu leugnen. Ich wollte nichts sehen, nichts wissen und nichts hören. Tauchten leise Befürchtungen auf, dann vertrieb ich sie rasch wieder. Kaum waren sie gekommen, waren sie auch schon wieder verschwunden! Ich hatte solche Angst, dass auch Louna von dieser Krankheit betroffen sein könnte, dass ich alles daransetzte, über diese Möglichkeit gar nicht erst nachzudenken. Schließlich redete ich mir selbst ein, dass es keinen Grund zur Panik gäbe: Louna hatte meine Krankheit nicht! Dennoch gab es etwas, das mich beunruhigte: Sie erbrach sehr viel Milch, auch durch die Nase. Normalerweise haben Babys den Reflex, den Kopf zur Seite zu drehen, wenn sie spucken müssen. Louna hingegen tat das nicht, weshalb Erstickungsgefahr bestand. Ich schlief nachts kaum noch, da mich die Angst quälte, ich könnte Louna morgens tot in ihrem Bettchen finden. Ich suchte die Hausärztin auf, um mir Rat zu holen, wie ich mich am besten verhalten sollte. Ich fragte sie auch, ob sie beim Abhören der Lungen meines Babys irgendetwas Auffälliges oder Besorgniserregendes hören würde. Sie untersuchte Louna und beruhigte mich: »Nichts Schlimmes. Sie hat nur ein wenig Schnupfen.«

Da Louna Fieber hatte, verschrieb sie ihr noch Doliprane, und ich verließ beruhigt die Praxis. Alle zwei Wochen schaute eine Hebamme bei mir vorbei, so wie es die medizinische Versorgung in unserer Region für alle stillenden Mütter vorsieht, um sicherzugehen, dass alles in Ordnung ist. Auch sie fand nichts Außergewöhnliches an Lounas Zustand: »Alle Babys spucken, wenn sie zu viel getrunken haben.«

»Ja, aber bei Louna ist es nicht nur ein Spucken, sondern sie erbricht wirklich …«

»Machen Sie sich keine Sorgen. Das kommt schon in Ordnung, es ist nur eine Frage der Zeit.«

Erleichtert zogen Yoan und ich nun in seine Wohnung in Saint-Max. Sie war zwar wirklich winzig klein, aber Yoan hatte sie inzwischen sehr vorteilhaft eingerichtet. Sie war aufgeräumt und gemütlich. Am Tag nach unserem Umzug begann Louna, die Nahrungsaufnahme zu verweigern. Bis zu diesem Zeitpunkt war sie ein sehr gieriges Baby gewesen, das immer Hunger hatte. Dass sie jetzt gar nicht mehr trinken wollte, passte nicht zu ihr. Die Bereitschaft zu trinken nahm weiter ab, und als sie einen ganzen Tag lang nichts zu sich genommen hatte, waren wir äußerst besorgt. Als erste Maßnahme ging ich zu meiner Apothekerin und fragte sie um Rat. Sie versuchte, mich zu beruhigen: »Vermutlich bekommt sie Zähne. Ihre Kiefer sind schmerzempfindlich, und sie hat Angst, dass es durch das Saugen noch mehr schmerzt.«

Ich verließ die Apotheke mit einer Creme, die ihre Kiefer beruhigen und Louna Erleichterung verschaffen sollte. Aber da keine Besserung eintrat, suchte ich am nächsten Tag eine andere Apotheke auf. Die dortige Fachkraft bestätigte die Ansicht ihrer Kollegin, und ich merkte, wie sie hinter meinem Rücken schmunzelte, als ich die Apotheke verließ. Sie dachte vermutlich: »Ach, diese jungen Eltern. Die haben ja gar keine Ahnung mehr, wie man mit einem Baby umgeht.« Dabei hatte sich die Situation über Nacht weiter zugespitzt: Lounas Speichel wies blutige Spuren auf. Auf Anraten von Yoan telefonierte ich mit der *Protection maternelle et infantile*, einer Einrichtung zur Unterstützung von Mutter und Kind, um in Erfahrung zu bringen, welche Ärzte für uns zuständig waren. »Es gibt keinen Termin in den nächsten drei Wochen«, antwortete man mir. Damit konnte ich mich auf keinen Fall zufriedengeben. So telefonierten wir alle Fachärzte in unserer Gegend ab, bis Yoan auf die Idee kam, die Kinderärztin seiner Tochter Lysa anzurufen. Sie war nicht erreichbar, aber ihre Praxis lag in der Nähe, und sie hatte eine Vertretung. Diese gab uns gleich einen Termin. Es war eine sehr junge Ärztin, die sich zunächst am Telefon Lounas Symptome beschreiben ließ: »Hat sie Wachphasen, in denen sie reaktiv ist?«

»Nein, sie schläft den ganzen Tag über …«

»Kommen Sie sofort in die Praxis. Der Zustand Ihres Babys beunruhigt mich. Beeilen Sie sich, ich erwarte Sie.«

Yoan und ich waren alle Ereignisse der letzten drei Tage durchgegangen, um herauszufinden, was Lounas verändertes Verhalten ausgelöst haben könnte. Die Wohnung war ein wenig feucht, an manchen Stellen schien sich etwas Schimmel gebildet zu haben. Da es auch Yoan nicht gut ging, dachten wir, dass sie sich vielleicht beide einen Pilz eingefangen hätten. Dazu passte unter Umständen auch, dass sich, wie wir bemerkt hatten, auf dem Bauch unseres Babys winzige blaue Flecken bildeten, die kamen, aber auch wieder verschwanden.

All unsere Beobachtungen teilen wir also der Kinderärztin mit, die Louna fünf Minuten lang gründlich untersucht. Sie sieht tatsächlich ebenfalls kleine, farblich veränderte Stellen am Unterbauch, misst eine Temperatur von 38,5 Grad, findet jedoch kein Hämatom im Gesicht oder am Körper. Darüber hinaus stellt sie fest, dass die Kleine schläfrig und hypoton ist. Das bedeutet, dass sie keine Muskelspannung hat und nicht auf Reize reagiert, was vollkommen untypisch ist für ein Baby, das ein paar Tage zuvor noch bei bester Gesundheit war.

Nach der Untersuchung sieht uns die Ärztin eindringlich an und sagt mit besorgter Miene: »Der Zustand Ihrer Tochter ist alarmierend, aber ich kann hier nichts weiter für sie tun. Wir müssen sie ins Krankenhaus bringen. Ich rufe den Rettungsdienst an.«

Mir schnürt sich der Magen zusammen, als ich höre, wie

sie am Telefon ihre Besorgnis äußert. Sie betont, dass Lounas Schläfrigkeit höchst auffällig sei. Ich sehe mein Baby an, mein kleines Töchterlein, das trotz meines Zuredens die Augen geschlossen hält und die Arme schlaff herunterhängen lässt, als ich versuche, es zu einer Reaktion zu animieren.

Die Rettungskräfte treffen eine Viertelstunde später ein. Da der Notdienst keinen verfügbaren Krankenwagen hatte, wird das Team von der Feuerwehr begleitet, die ein medizinisch ausgestattetes Fahrzeug besitzt. Noch immer sehe ich all die Rettungskräfte vor mir, wie sie sich um unser Baby bemühen … Sie untersuchen Louna genauestens und finden, wie bereits die Kinderärztin, ihre fehlenden Reaktionen besorgniserregend. Louna weint nicht, sie liegt regungslos da und stöhnt nur. Es ist schrecklich mitanzusehen, wie sich all diese großen Erwachsenen über dieses winzige Wesen beugen, das gerade genug Kraft hat, um zu atmen. Der Kontrast ist gewaltig und ergreifend. Ich kann angesichts dieser Hilflosigkeit und Ratlosigkeit meine Tränen nicht zurückhalten. Seit drei Tagen hat Louna nun fast keine Nahrung mehr zu sich genommen: Für ein Baby bedeutet ein so langer Zeitraum beinahe eine Ewigkeit. Sie ist schwach, so schwach, dass sie nicht einmal mehr meinen Finger umfasst, wenn ich ihr meine Hand hinhalte.

Das Urteil des Notarztes duldet keinen Widerspruch: »Ihre Tochter hat Fieber, sie isst nicht mehr, hat gravierende Atemprobleme und kaum noch Reflexe. Wir können sie hier nicht ausreichend ärztlich versorgen. Sie muss unbedingt auf dem schnellsten Weg ins Krankenhaus von Nancy. Es besteht Lebensgefahr!«

Ich steige mit Louna im Arm in den Rettungswagen der Feuerwehr. Bei jedem Atemzug spüre ich, wie ihre kleinen Rippen sich weiten, als kämpfe sie darum, ihre Lungen mit Luft zu versorgen. Um zu verhindern, dass ihr kalt wird, habe ich sie so warm eingepackt, dass nur ihre kleine Nasenspitze aus den Decken hervorschaut. Mein Blick hängt an ihrem zarten, porzellanfarbenen Gesichtchen. Als könnte ich ihr dadurch meine Kraft einflößen, flüstere ich ihr ins Ohr: »Halte durch, meine kleine Prinzessin! Gleich wirst du gut versorgt!«

An der Kinder-Notaufnahme leuchten überall Warnsignale. Das Auto hält an, die Türen werden aufgeschoben. Wie einen Schatz von unermesslichem Wert halte ich Louna fest im Arm. Eine Krankenschwester eilt auf mich zu, um mir Louna abzunehmen, aber um nichts in der Welt will ich sie ihr überlassen. Bevor ich Louna hergebe, lege ich mich lieber selbst auf die Trage, mein Baby fest an mich gedrückt. Kaum haben wir die Station erreicht, versammeln sich mehrere Ärzte um uns. Etwa zehn Fachkräfte stehen da und tauschen sich aus. Einer von ihnen versucht, mich davon zu überzeugen, ihm Louna anzuvertrauen. Er erklärt mir, dass es besser ist, wenn ich den Raum verlasse, da das Team mit komplizierten Untersuchungen beginnen wird. Was bedeutet das denn, komplizierte Untersuchungen? Ist es denn so schlimm? Ich vergehe beinahe vor Verzweiflung, fühle mich am Boden zerstört, bin fassungslos. Eine Krankenschwester fragt mich, ob es familiäre Besonderheiten gibt. Ich antworte ihr automatisch und benommen: »Ich bin Trägerin des hereditären Angioödems Typ eins.«

»In Ordnung. Gehen Sie bitte in den Warteraum hier nebenan. Wir halten Sie auf dem Laufenden.«

Einen düstereren und kälteren Ort als diesen Warteraum, in dem Eltern um ihre kranken Kinder bangen, kann ich mir kaum vorstellen. Mittlerweile ist es bereits dunkel. Was machen sie mit meiner kleinen Prinzessin, meinem winzigen Baby? Ob Louna Schmerzen hat? Ob sie weint? Eine Schwesternhelferin stößt die Tür auf und kommt auf mich zu. In der Hoffnung, Neuigkeiten von Louna zu erfahren, springe ich von meinem Stuhl auf, aber sie bringt mir lediglich Formulare zum Ausfüllen. Ich gehe zu der Angestellten, die sie mir genannt hat, und gebe ihr meine Versichertenkarte und die Nummer meiner Zusatzversicherung. Sie prüft die Dokumente aufmerksam und händigt sie mir dann wieder aus. Ich kehre in den Warteraum zurück, wo ich es nicht länger schaffe, still zu sitzen. Stattdessen gehe ich unruhig auf und ab. Ich darf mich nicht von meiner Anspannung übermannen lassen und muss einen Weg finden, sie wenigstens ansatzweise zu beherrschen. Die Angst ist so quälend, dass es mich nicht auf meinem Stuhl hält, ich gehe umher, setze mich wieder, stehe erneut auf, laufe den Flur entlang und beginne den ganzen Kreislauf von vorn. Yoan macht sich Sorgen um mich, als er sieht, wie schlecht es mir geht, und fleht mich an, Ruhe zu bewahren. Jetzt zücke ich mein Handy, um nicht nur untätig herumzuhängen, und rufe meine Mutter, meine Schwester und Freunde von mir an … Nervös berichte ich ihnen, wo ich bin, dass Louna sehr krank ist und niemand genau weiß, was sie hat. Alles bricht in einem Wortschwall aus mir heraus, der meine Gesprächspartner vermutlich überfordert. Aber so vergeht wenigstens die Zeit, und doch vergeht sie zu langsam. Eine Frau in weißem Kittel nähert sich und bittet uns, ihr zu folgen. Mein Herz klopft zum Zerspringen, aber meine Hoffnung wird erneut enttäuscht. Sie möchte lediglich, dass wir in einen anderen Warteraum wechseln. Dieser neue Raum hat gerade einmal zehn Quadratmeter, keine Fenster und sieht aus wie ein Aquarium. Die Wände sind blau gestrichen, die Stühle gelb, und an der Decke flackert eine erbärmliche Neonröhre, die dieses trostlose Zimmer in ein weißes, kaltes Licht taucht.

»Nehmen Sie Platz, Sie erhalten gleich Nachricht von Ihrer Tochter.«

Ich rede mir selbst ein, dass ich Geduld aufbringen muss, dass die Ärzte ihr Handwerk verstehen, dass sie alles tun und dass es nicht mehr lange dauern kann.

Eine Stunde später haben wir immer noch nichts gehört. Niemand hat mit uns gesprochen. Jetzt steht Yoan auf und geht entschlossen zum Schwesternzimmer: »Wir warten jetzt schon seit zwei Stunden darauf, dass uns jemand über unsere Tochter Louna informiert ...«

»Wir haben im Moment mehrere Notfälle gleichzeitig. Unsere Abteilung ist überlastet. Der Arzt kann nicht überall sein, aber er kümmert sich um Ihre Tochter. Machen Sie sich keine Sorgen, er wird zu Ihnen kommen, sobald es ihm möglich ist.«

Erneut nehmen wir unsere Plätze in dem Aquarium im Hochparterre ein. Nur mühsam kann ich dem Drang widerstehen, mich in den Flur zu stürzen, Treppe um Treppe nach oben zu laufen und in das Zimmer zu stürmen, in dem man

Louna versorgt. Ich versuche vernünftig zu sein, aber immer wieder ertappe ich mich bei dem Gedanken, dass ich dann wenigstens wüsste, wie es ihr geht. Vornübergebeugt auf meinem Stuhl sitzend, weine ich still vor mich hin, als zwei Frauen den Raum betreten. Sie wollen alles Mögliche über meine Schwangerschaft wissen und über meine Art, das Baby zu stillen. Yoan und ich antworten, so gut wir können. Wir erwähnen sogar den Schimmelpilz in der Wohnung. Und mit allem Nachdruck stelle ich jetzt auch die Frage, die mich seit mehreren Tagen umtreibt: »Glauben Sie, dass Louna dieselbe Krankheit haben könnte wie ich?«

»Nein, das hat sie nicht.« Die Antwort ist klar und deutlich, ja, kategorisch. Kein Anflug eines Zweifels.

»Aber wie können Sie da so sicher sein? Haben Sie ihr Blut abgenommen, um es zu überprüfen?«

»Das ist nicht nötig, sie ist zu jung für ein solches Krankheitsbild. Diese Krankheit bricht in ihrem Alter noch nicht aus.«

An ihren Antworten ist ersichtlich, dass die beiden Frauen sich informiert haben und mit großer Bestimmtheit ausschließen, dass diese Krankheit die Ursache für Lounas Probleme sein könnte. Kaum haben sie den Raum verlassen, gesteht Yoan mir, dass er ein ungutes Gefühl hat: Ohne es genau benennen zu können, spürt er, dass man uns in einem anderen Licht sieht als zu Beginn. Ich glaube ihm, weil er Situationen sehr gut einschätzen kann und schon oft vorhergesehen hat, was geschehen wird. Er wehrt sich zwar dagegen, dass man ihm diese Fähigkeit als eine besondere Gabe andichtet, aber irgendwie besitzt er einen sechsten Sinn, so viel steht für mich fest. In heiklen Situationen sendet ihm dieser sechste Sinn zuverlässig ein Warnsignal. Seit unserer Ankunft hier auf der Kinderstation hat man uns mit all unseren Fragen zu Lounas Zustand abblitzen lassen. Durch meine Krankheit bin ich Krankenhausaufenthalte leider gewohnt. Aber eine solche Gleichgültigkeit, eine solche Kälte des Pflegepersonals erlebe ich hier zum ersten Mal. Kein Anzeichen von Mitgefühl wird uns zuteil, wir bekommen lediglich kurze, knappe und belanglose Sätze zu hören. Es sieht ganz so aus, als wären sie nicht gut auf uns zu sprechen.

Drei Stunden warten wir nun schon, die Ungewissheit wird unerträglich. Bei dem kleinsten Geräusch auf dem Flur, sobald irgendwo eine Tür aufgeht, beginne ich zu zittern. Ich bin an einem Punkt angelangt, an dem mir selbst die schlimmste Neuigkeit lieber wäre als diese fortdauernde Ungewissheit. Plötzlich sehe ich, wie auf dem Flur ein kleines Gitterbett vorbeigeschoben wird. Wir springen auf, um zu sehen, ob es sich um Louna handelt. Beinahe im selben Augenblick tritt das Ärzteteam, das Louna bei ihrer Aufnahme in Obhut genommen hat, aus dem Behandlungsraum. Einer der Ärzte kommt direkt auf uns zu: »Ihre Tochter wird auf die Intensivstation verlegt.«

»Aber warum denn? Was hat sie denn?«

»Man wird Ihnen alles auf der Station erklären.«

Dazu müssten wir auf der Station allerdings jemanden antreffen. Dort ist aber niemand. Die Türen sind verschlossen. Ich klingele, und eine weibliche Stimme fordert mich auf, unsere Namen zu nennen. Ich komme ihrer Aufforderung eilig nach und höre, wie das Schloss aufgedrückt wird. Wir landen im dritten Warteraum an diesem Abend. Auf dem Weg dorthin fällt mir auf, dass manche Eltern einen Kittel, einen Mundschutz, eine Haube und Schutzhüllen um die Schuhe tragen. Offenbar befindet sich ihr Kind in kritischem Zustand.

Eine Krankenschwester der Intensivstation kommt zu uns: »Sie können Ihre Tochter gleich sehen. Aber ich muss Sie vorwarnen: Man hat sie sicherheitshalber ins künstliche Koma versetzt. Sie wird künstlich beatmet, das bedeutet, dass die Ärzte einen Schlauch in ihren Hals schieben mussten. Neben schweren Atemproblemen hat sie ein massives bläuliches Ödem auf der linken Gesichtshälfte, für das es keine Erklärung gibt. Außerdem gibt es noch weitere Störungen, die behandelt werden müssen.«

Ich würde gern wissen, wie dieses Ödem aufgetreten ist, und auch etwas über die »Störungen« erfahren, von denen die Krankenschwester gesprochen hat. Aber bevor ich zu Wort komme, fragt Yoan bereits: »Befindet sich unsere Tochter in kritischem Zustand?«

Die Krankenschwester antwortet ganz offen: »Ich möchte Ihnen nichts verbergen. Ja, Ihre Tochter befindet sich in kritischem Zustand.«

Ich bin achtzehn Jahre alt und kenne mich mit medizinischen Termini nicht aus. Als ich nachfrage, was diese Wendung genau bedeutet, habe ich keine Ahnung, was Yoan mir gleich eröffnen wird: »Das bedeutet, dass Louna sich in Lebensgefahr befindet.«

Bei dieser katastrophalen Nachricht brechen bei mir alle Dämme. Meine Angst und meine Sorge kennen kein Halten mehr, Tränen strömen mir über die Wangen. Ein gewaltiger Druck lastet auf meiner Brust, mein Herz scheint stehenbleiben zu wollen. Alles um mich herum beginnt sich zu drehen, und ich breche zusammen. Der Stress hat einen schweren Anfall des Angioödems bei mir ausgelöst. Yoan stürzt herbei und hilft mir, wieder zu mir zu kommen. Ich schleppe mich in den Toilettenbereich, um mich dort zu übergeben. Es ist der Beginn einer lang anhaltenden, immer wiederkehrenden massiven Übelkeit.

10. Ein Hauch von Tod

Endlich haben wir die Erlaubnis, Louna zu sehen. Wir gehen den Flur entlang und blicken auf beiden Seiten in verglaste Räume, wo schwer kranke Kinder liegen. Ich bewege mich auf Zehenspitzen, als könnte ich sonst stören, und wage es kaum, meinen Blick zu heben: Ich kann den Anblick dieser kleinen, an so viele Maschinen angeschlossenen Körper kaum ertragen. Dazu dieser Geruch, dieser Krankenhausgeruch nach Desinfektionsmittel, zweitweise gemischt mit Essensgerüchen und – besonders hartnäckig – mit dem faden und schweren Geruch von Blut. Diese Räume, in denen Kinder um ihr Leben kämpfen, verströmen ganz konkret einen Hauch von Tod …

Louna liegt im letzten Zimmer. Durch die Scheibe sehen wir die Nachtschwester, die neben ihr wacht und die uns bedeutet, dass wir hereinkommen dürfen. Nachdem wir einen Mundschutz angelegt haben, treten wir an ihr Krankenbett. Louna liegt unter einer dicken Wärmedecke, die durch ein Gebläse am Fußende des Bettes mit warmer Luft gefüllt wird. Wäre da nicht dieser dicke Schlauch zwischen ihren Lippen, könnte man beinahe meinen, sie schliefe ruhig und zufrieden. Aber man müsste schon blind und taub sein, um die Elektroden zu übersehen, die an ihrem Kopf befestigt sind, und um die Geräusche der Maschinen zu überhören, die sie mit Mühe am Leben erhalten. Ich kann meinen Blick nicht abwenden von diesem Schlauch, der in ihrem Hals steckt, und von dem Blutbeutel, über den sie eine Transfusion erhält. Ich sehe, dass Louna eigentlich überall verkabelt ist … Yoan hingegen setzt vor allem der Anblick der Spritzenpumpen zu. Über diese kleinen elektrischen Apparate werden einem Patienten kontinuierlich geringe Mengen eines Medikaments injiziert. Bei Louna sind gleich sechs dieser Pumpen im Einsatz. Sie erhält also sechs verschiedene Wirkstoffe auf einmal. Welche können das wohl sein? Auch wenn ich weiß, dass die Ärzte sie ins künstliche Koma versetzt haben, läuft mir beim Anblick dieser in ihr zartes Fleisch gebohrten Nadeln ein Schauer über den Rücken. Plötzlich, beinahe im selben Augenblick, entdecken wir beide, dass ihre gesamte linke Gesichtshälfte stark geschwollen ist! Vor ein paar Stunden war davon noch nichts zu sehen gewesen, weder als die Notärzte sie in Obhut nahmen, noch bei ihrer Ankunft im Krankenhaus. Jetzt aber ist eine Gesichtshälfte durch ein Ödem vollständig zugeschwollen und bläulich verfärbt. Woher kommt das?

Als eine der Pumpen ihre Arbeit beendet hat, ertönt ein Signalton, und eine Krankenschwester kommt ins Zimmer. Yoan fragt mit tonloser Stimme: »Was sind das für Schwellungen in Lounas Gesicht?«

Die Krankenschwester presst die Lippen zusammen und

hüllt sich in eisiges Schweigen. Trotz dieses offensichtlichen Symptoms sträube ich mich weiterhin gegen den Gedanken, dass Louna an derselben Krankheit leiden könnte wie ich. Ich bin zwar in der Lage, diese Möglichkeit den Ärzten gegenüber zu erwähnen und habe sie ja sogar ganz konkret danach gefragt, aber im Grunde meines Herzens weigere ich mich, sie in Betracht zu ziehen. Es ist keine bewusste Entscheidung, sondern entspringt einer Art innerer Blockade. Schon der Gedanke, dass die Möglichkeit besteht, weckt ein so starkes Schuldgefühl bei mir, dass ich die Vorstellung sofort wieder verdränge. Ich sträube mich gegen die Wahrscheinlichkeit, ihr diese unheilbare Krankheit weitergegeben zu haben. Ich rede mir ein, dass sie etwas anderes hat. Mir selbst geht es weiterhin ebenfalls sehr schlecht. Ich krümme mich vor Schmerzen, und nur mit Mühe und Not erreiche ich gerade noch den Mülleimer im Zimmer, um mich zu übergeben. Diesem klaren Anzeichen für einen akuten Schub meiner Krankheit schenkt die Krankenschwester nicht die geringste Aufmerksamkeit. Ich blicke mich verstört um, fasse die Wanduhr ins Auge, ohne sie wirklich wahrzunehmen: Es ist beinahe Mitternacht. Ich fühle mich vollkommen leer, im wörtlichen wie im übertragenen Sinn. Mag sein, dass die Nachtschwester mein Würgen nicht ertragen hat, denn sie sagt zu mir: »Es scheint Ihnen nicht gut zu gehen, Sie sollten ...«

Yoan fährt empört dazwischen: »Sie hat einen schweren Schub. Ich habe Ihnen bereits gesagt, dass sie an einem Angioödem leidet, aber das interessiert hier ja niemanden ...«

»Wie dem auch sei, Sie gehen jetzt besser nach Hause.«

Ich kann mir nicht vorstellen, die ganze Nacht ohne Neuigkeiten von Louna zu verbringen. Als ich das der Nachtschwester erkläre, antwortet sie mir: »Wir sind auf jeden Fall da und kümmern uns um Ihre Tochter. Ihr Zustand wird sich nicht ändern, nur weil Sie hier bei ihr bleiben. Verabschieden Sie sich und kommen Sie morgen wieder …«

Ich muss mich noch einmal heftig übergeben und bin kaum in der Lage, einen klaren Gedanken zu fassen. Dennoch wundere ich mich darüber, dass die Ärzte keine Verbindung zwischen meinem Krankheitsbild und dem von Louna ziehen. Während ihres Krankenhausaufenthalts musste sie sich ebenfalls immer wieder übergeben. Anstatt voreilig auf eine Magenschleimhautentzündung zu schließen, hätten sie doch die Ähnlichkeit unserer Symptome zum Ausgangspunkt ihrer Überlegungen machen müssen, oder etwa nicht? Es wäre doch nicht kompliziert gewesen zu überprüfen, ob wir beide an der gleichen Krankheit litten. Nachdem man eine immense Summe für teure, aufwendige Untersuchungen ausgegeben hatte, wäre es bei der Krankenversicherung auf einen einzigen weiteren Test nicht mehr angekommen.

11. Eine Nacht in der Hölle

Es geht mir zunehmend schlechter. Die Medikamente, die mir helfen würden, habe ich nicht bei mir, mein Zustand verschlimmert sich von Minute zu Minute. Louna wirkt ruhig, und Yoan rät mir, sie in der Obhut der Nachtschwester zu lassen und mich auszuruhen. Die letzte Straßenbahn fährt um halb eins: Wenn wir die erreichen wollen, müssen wir uns beeilen.

Es ist stockdunkle Nacht, und draußen herrscht klirrende Kälte. Die Haltestelle befindet sich unmittelbar vor dem Universitätsklinikum von Nancy. Im direkten Umfeld liegen einige Studentenwohnheime, und so sind viele Studenten unterwegs, die in ausgelassener Stimmung auf die Bahn warten, um im Stadtzentrum zu feiern. Sie albern herum, scherzen übermütig und stimmen lauthals Lieder an. Es sind ungefähr hundert Personen, die sich fröhlich in die Waggons drängen. Bevor ich einsteigen will, wird mir erneut speiübel, und ich muss mich auf dem Bürgersteig übergeben. Im Innern der Straßenbahn geht es hoch her: Die jungen Leute haben Alkoholika dabei und leeren die Flaschen in großen Schlucken, manche von ihnen rauchen Joints, deren Geruch mir extrem zusetzt. Bei jeder Haltestelle dränge ich nach draußen, um mich wieder zu übergeben. Die Studenten brechen in Gelächter aus und zeigen mit dem Finger auf mich: »Schaut euch die an, die hat ja wohl ganz schön über die Stränge geschlagen!« Sie haben keinen blassen Schimmer, warum es mir so schlecht geht, und nehmen selbstverständlich an, dass ich sturzbetrunken bin. Es liegen Welten zwischen der ausgelassenen Feierstimmung, die in der Straßenbahn herrscht, und unseren rabenschwarzen Gedanken. Die Konfrontation mit dieser Heiterkeit empfinde ich als letzte Steigerung meiner Qualen. Ich kauere mich auf meinem Sitz zusammen, wende meinen Kopf zur Fensterscheibe, in der sich ein verschwommenes Spiegelbild meines Gesichts zeigt. Ich bin kreideweiß und sehe aus, als würde das ganze Leid dieser Welt auf mir lasten. Die Fröhlichkeit unserer Mitfahrer ist mir unendlich fern. Uns trennen Lichtjahre, sie ahnen nichts von dem Drama, das ich gerade durchlebe. Bis zur Endhaltestelle stolpere ich bei jedem Halt nach draußen, um mich zu übergeben.

Zu Hause falle ich vollkommen entkräftet aufs Bett. Das Gefühlschaos, das wir während der letzten vierundzwanzig Stunden durchlebt haben, hat mich restlos erschöpft. Ich hoffe, rasch einschlafen zu können, aber sobald ich die Augen schließe, sehe ich Louna vor mir und die Schläuche, die sie förmlich durchbohren. Ich höre das Schnauben der künstlichen Beatmungsmaschine, die Geräusche der elektronischen Geräte, die ihre Lebensfunktionen aufzeichnen, und die hektischen Pieptöne des Elektrokardiogramms. In der häuslichen Stille gewinnt das ganze Szenario eine grausame Intensität. Es ist ein quälendes Bild, das ich vor mir sehe, und ich schlage die Augen wieder auf in der Hoffnung, es damit abschütteln zu können. Aber sosehr ich mich auch bemühe – die morbiden Bilder kehren hartnäckig wieder. Ich halte es im Bett nicht mehr aus, stehe auf, greife zum Telefon und wähle die Nummer der Intensivstation: Ich muss auf der Stelle wissen, wie es Louna jetzt geht!

Mit Mühe entringe ich dem diensthabenden Personal ein paar Worte. Ein wenig erleichtert, lege ich wieder auf. Aber das ist nur von kurzer Dauer, denn ich schaffe es nicht, diesen Albtraum tatsächlich aus meinem Kopf zu verbannen. Die Bilder verfolgen mich auch weiterhin, und so rufe ich bereits eine Stunde später ein zweites Mal dort an. Beim vierten Versuch werde ich barsch abgewimmelt: »Es nutzt überhaupt nichts, wenn Sie uns dauernd anrufen. Wir können Ihnen nichts Neues sagen. Hören Sie jetzt bitte auf, uns zu belästigen!«

Bevor ich auch nur ein Wort erwidern kann, höre ich am anderen Ende der Leitung das Besetztzeichen. Die Frau auf der Station hat aufgelegt. Ich bin wie vor den Kopf gestoßen. Die Art, wie sie mich zurechtgewiesen hat, macht mich fassungslos: »Muss das sein, dass eine Mutter mich um vier Uhr morgens stört, bloß weil ihr Baby in Lebensgefahr schwebt?« Niemals zuvor habe ich es mit einer so unangenehmen Person zu tun gehabt.

Die Schmerzen lassen nicht nach, mein Bauch ist zum Zerreißen gespannt, und ich muss immer häufiger erbrechen. Anstatt nachzulassen, nehmen die Attacken an Heftigkeit weiter zu; lange kann ich es so nicht mehr aushalten … Müdigkeit und Angst rauben mir die letzten Kräfte, sodass ich am Rande einer Ohnmacht bin. Yoan gerät in Panik, da er noch nicht weiß, wie man mit meiner Krankheit umgehen muss und auch nicht die intravenösen Injektionen vornehmen kann, die bei solchen akuten Anfällen vonnöten sind. Vollkommen verzweifelt ruft er meine Mutter an. Da sie an der gleichen Krankheit leidet, weiß sie doch sicher, was zu tun ist … Da sie aber keine Ahnung hat, wie man einen solchen Anfall in den Griff bekommt, rät sie ihm, mich ins Krankenhaus zu bringen oder die Rettungssanitäter zu rufen. Vielleicht weiß man im Krankenhaus von Nancy, das wir erst vor Kurzem verlassen haben, eine Lösung … Yoan ruft den ärztlichen Notdienst an. Seine alarmierende Beschreibung meines Zustandes bewirkt, dass der Arzt sehr schnell bei uns eintrifft. Er untersucht mich und ruft sofort den Krankenwagen eines privaten Fahrdienstes. Als die Fahrer sehen, in welch ernstem Zustand ich mich befinde, lehnen sie es ab, mich zu transportieren. Sie besitzen notfallmedizinische Kenntnisse für den Fall, dass ein Patient zu ersticken droht. Aber ich habe keine Atemprobleme, sondern abdominale Störungen. Sie würden mir im Ernstfall nicht helfen können und empfehlen uns, den Rettungsdienst des Krankenhauses zu rufen.

Es ist mittlerweile halb sechs Uhr morgens, und unsere Nacht in der Hölle ist noch nicht zu Ende. Wir kehren ins Universitätsklinikum von Nancy zurück – den Weg dorthin könnte ich mittlerweile wohl mit verbundenen Augen finden. Es ist ein riesiger Gebäudekomplex, in dem die Kinderstation völlig von der für Erwachsene getrennt ist, und die beiden Bereiche liegen mehr als einen Kilometer voneinander entfernt.

Bei unserer Ankunft in der Klinik für Erwachsene legt Yoan am Empfang meinen CREAK-Krankenausweis vor: Er klärt das Gesundheitspersonal über das Krankheitsbild des hereditären Angioödems auf und nennt die erforderlichen Maßnahmen im Falle eines Schubs. Außerdem weist Yoan gegenüber der Person, die mit der Patientenaufnahme betraut ist, ganz explizit darauf hin, dass ich dringend ein bestimmtes Medikament einnehmen muss, Berinert. Es gibt keine Diskussion und auch keinen Protest, aber Notaufnahme bleibt Notaufnahme – seltene Krankheit hin oder her –, und zwei Stunden später liege ich immer noch stöhnend auf einer Trage. Ich winde mich in Krämpfen, bekomme kaum noch Luft. Aber auch angesichts meiner Qualen weigert sich die Krankenschwester, mir ein Beruhigungsmittel zu geben, bevor der Arzt mich untersucht hat. Stattdessen verabreicht sie mir Paracetamol, diese bekannte Allzweckwaffe. Ganz unbestritten ist dieses Medikament bei Fieber oder leichten Schmerzen ausgesprochen wirksam, aber bei Schlimmerem vermag es nichts auszurichten. Endlich erhalte ich dann doch eine erste subkutane Injektion von Firazyr – ein Medikament, das bei schweren Anfällen eines Angioödems zum Einsatz kommt. Es kommt nicht infrage, dass ich wieder nach Hause darf: Man legt mich auf die Station für Gastroenterologie, die sich in der elften Etage des Erwachsenentrakts befindet. Als ich endlich in meinem Zimmer liege, kommt ein Arzt und misst meinen Blutdruck. Ich ahne, dass er niedrig ist, aber so wie ihm der Schrecken ins Gesicht geschrieben steht, ist er wohl im freien Fall. Auf der Stelle erhalte ich jetzt eine Dosis Berinert, sodass ich wieder zu Atem kommen kann. Nach Louna bin nun ich an der Reihe und werde an allen möglichen Stellen »verkabelt«. Aber ich bin wenigstens bei Bewusstsein. Erstaunlicherweise stört es mich gar nicht, im Krankenhaus bleiben zu müssen, ganz im Gegenteil! Ich weiß, dass es einen unterirdischen Tunnel hinüber zu dem Gebäudekomplex gibt, in dem Louna liegt. Näher kann ich ihr also im Augenblick gar nicht sein: Ich habe gewissermaßen einen Platz in der ersten Reihe!

In der folgenden Woche wandere ich trotz ständiger Infusionen jeden Tag, den Infusionsständer vor mir herschiebend, in den anderen Trakt hinüber. Anfangs fährt die wachhabende Schwester mich noch barsch an und will wissen, wohin ich gehe, aber ich stelle mich taub. Ich ignoriere ihre Warnungen und gehe einfach weiter. Sobald ich aus ihrem Blickfeld verschwunden bin, wird dann wohl von der Gastroenterologie hinüber zur Intensivstation für Kinder telefoniert, und es entspinnt sich in etwa folgender kurioser Wortwechsel:

»Madame Dietsch hat sich wieder auf den Weg gemacht! Sie wird gleich samt ihrer Infusion bei Ihnen auftauchen ...«

»Schon wieder! Ah ja, ich sehe sie schon ...«

»Haben Sie ein Auge auf sie. Sie ist ziemlich geschwächt. Außerdem haben wir ihr aufgrund ihrer starken Schmerzen Morphium gegeben ...«

»Ich passe gut auf. Sie können sich auf mich verlassen.«

In nur wenigen Tagen haben sich alle an meine Wanderungen gewöhnt. Vom Stationszimmer der Gastroenterologie aus wurde am Ende sogar im Stationszimmer der Pädiatrie angerufen, um mich daran zu erinnern, dass ich für meine Behandlungen wieder rechtzeitig zurückmusste.

Dann tauchte eine Krankenschwester in Lounas Zimmer auf und teilte mir mit: »Sie sollen wieder rüberkommen, meine Kollegin wartet bereits auf Sie …«

Also mache ich mich auf den Rückweg, während immer noch die Infusion in meine Adern fließt … Das Pflegepersonal hat begriffen, dass ich niemals darauf verzichten würde, meine kleine Tochter zu besuchen, was auch immer geschieht. Also nehmen sie mein Kommen und Gehen und meinen täglichen unterirdischen Marathon letztlich anstandslos hin.

Rückblickend betrachtet ist es unfassbar, dass hier zwei Stationen miteinander kommunizieren bezüglich einer Madame Dietsch, die gerade wegen eines dramatischen Schubs einer seltenen Krankheit behandelt wird und zudem geäußert hat, dass ihre kleine Tochter, die im selben Universitätsklinikum liegt, womöglich an der gleichen Krankheit leidet. Und dass trotzdem niemand überprüft, ob dies tatsächlich der Fall ist! Ist das Inkompetenz, Dummheit oder Obrigkeitshörigkeit? Wenn ein leitender Oberarzt der Intensivstation und ein weiterer Oberarzt der Kinderstation behaupten, dass eine Überprüfung nicht notwendig ist, verhält sich das Personal entsprechend und denkt nicht mehr nach. Chef ist Chef! Wie soll man sonst die Passivität und das Desinteresse des Personals erklären?

Bei Louna war die Anzahl der roten Blutkörperchen wieder gestiegen, und sie war etwas weniger anämisch, aber Yoan und ich wussten davon nichts. Sie lag immer noch im künstlichen Koma, und das sollte auch noch zwei Wochen so bleiben. Wir haben uns in dieser Zeit immer wieder gefragt, warum man sie so lange in diesem künstlichen Koma hielt. Wenn ein tiefer Schlaf – und was sonst ist eine Vollnarkose? – zwei Wochen lang andauert, ist das alles andere als harmlos. Was, wenn sich nach dem Aufwachen zeigte, dass Louna neurologische Schäden davongetragen hatte? Warum wollte man sie in diesem Zustand lassen, wo doch die Ärzte festgestellt hatten, dass das Elektroenzephalogramm unauffällig war und sie weder innere Verletzungen noch Brüche aufwies? Wäre es nicht normal gewesen, die Eltern bei einer solchen therapeutischen Entscheidung miteinzubeziehen?

Mit den dreidimensionalen Röntgenaufnahmen hätten die Ärzte jeden noch so winzigen Knochenschaden aufspüren können: Louna wurde komplett durchgecheckt, aber alle Untersuchungen verliefen ergebnislos. Ein Baby ist so zart und verletzlich: Jeder noch so harmlose Stoß, jede noch so geringe Gewalteinwirkung hinterlässt Spuren. Beim Röntgen und auch bei der Szintigraphie hätte man selbst mikroskopischen Traumata auf die Spur kommen können, aber es wurde nicht eine einzige Mikroläsion entdeckt. Wenn die Fachärzte tatsächlich nach Beweisen für Misshandlungen suchten, so bemühten sie sich vergebens. Aber anstatt ihr Verhalten uns gegenüber jetzt zu ändern, wurde ihre Bereitschaft, uns Auskunft zu geben, noch geringer. Yoan fragte sie unaufhörlich, welchen Behandlungen Louna unterzogen würde, welche Medikamente ihr verabreicht würden, aber er bekam keine Antwort. Sie behandelten Louna, das war doch schon etwas, das war doch sogar schon sehr viel. Da mussten sie sich nicht noch mit einem Vater abgeben, der eine Frage nach der anderen stellte. Das überstieg ihre Kräfte. Monsieur Bombarde sollte doch bitte schön den Mund halten und sie ihre Arbeit machen lassen – das oder Ähnliches mögen sie gedacht haben. Es ging hier ja nicht darum, den Besuchern einer Diskothek »einzuheizen«, wenn die Stimmung noch mau ist. Sie waren Ärzte, nicht Discjockeys wie er, das war schließlich ein großer Unterschied!

Die Pfleger ließen Yoans Fragen ins Leere laufen, indem sie ausweichende Antworten gaben und beteuerten, dass der Arzt gleich käme, um ihm Rede und Antwort zu stehen. Allerdings tauchte der Arzt dann nie auf, und unsere Verzweiflung wuchs und wuchs. Da die Stimmung auf der Kinderstation besonders belastend war, suchten wir hin und wieder in der Cafeteria Zuflucht, um dort einen Kaffee zu trinken und ein wenig Ruhe zu finden. Unsere Abwesenheit nutzte das Pflegepersonal sofort, um Lounas Zimmer aufzusuchen und sich um sie zu kümmern. Sahen sie uns an Lounas Bett, versuchten sie immer, uns wieder hinauszukomplimentieren. Manchmal sah ich beim Verlassen des Zimmers einen der Pfleger aus einem benachbarten Zimmer kommen. Logischerweise wären wir uns dann auf dem Flur begegnet, aber sobald er mich sah, machte er kehrt und schloss die Zimmertür wieder hinter sich, um mir nicht über den Weg zu laufen. Das war kein normales Verhalten: Wir spürten, dass unsere Beziehung zu dem Pflegepersonal gestört war, wussten aber nicht, aus welchem Grund.

12. Unglaublich, aber wahr!

Dann kam es zu einer erstaunlichen, um nicht zu sagen unglaublichen Wendung! Da Yoan weiß, dass ich jeden Tag an Lounas Bett sitze, nutzt er die Zeit, um sich ein wenig mehr um seine Tochter Lysa zu kümmern, die knapp drei Jahre alt ist. Er teilt sich mit ihrer Mutter das Aufenthaltsbestimmungsrecht, was bedeutet, dass sie jede zweite Woche bei ihm verbringt. Drei Tage nach Lounas Krankenhauseinweisung fühlt sich Lysa zunehmend schlecht. Verblüfft bemerkt Yoan, dass ihr Körper mit bläulich-roten Flecken überzogen ist! Ihr Gesicht ist nicht davon betroffen, aber ihr Allgemeinzustand verschlechtert sich weiter. Sie bekommt Fieber, hohes Fieber. Yoan ruft Lysas Mutter an, und alle drei begeben sich in ebenjenes Universitätsklinikum, in dem auch Louna und ich liegen. Die Ärzte in der Notaufnahme sind verwundert, kommen aber zu der Einschätzung, dass es sich um ein dermatologisches Problem handeln muss. Sie verschreiben eine Creme, die auf die Haut aufzutragen ist, und entlassen Lysa aus dem Krankenhaus. Zu Hause verblassen die Flecken zunächst auch ein wenig, um dann allerdings umso heftiger wieder aufzutauchen. Lysas Körper sieht beinahe aus wie ein kariertes Tischtuch … Erneut geht es ins Universitätsklinikum: Diesmal beschließen die Notärzte, Lysa dortzubehalten. Sie kommt auf dieselbe Station wie ihre kleine Schwester. Yoan wechselt zwischen den beiden Zimmern hin und her, da sie ganz in der Nähe voneinander liegen. Allerdings kümmert sich um Lysa ein anderes Pflegeteam. Es ist verblüffend mitanzusehen, wie aufmerksam, freundlich und hilfsbereit das Personal bei ihr ist. Obwohl alle wissen, dass Yoan der Vater von beiden Kindern ist, könnte das Verhalten der beiden zuständigen Teams unterschiedlicher nicht sein. Aber Lysa ist eben ein lebhaftes, redseliges kleines Mädchen, ganz anders als ein drei Monate altes, wehrloses Baby, das sich nicht ausdrücken kann. Ihre Lebhaftigkeit erklärt vielleicht, dass bei ihr nicht ein einziges Mal der Verdacht einer Misshandlung im Raume stand. Da die Flecken sich überall an ihrem Körper befanden, hätten sie in der Tat nur von unzähligen Schlägen herrühren können. Zunächst vermuten die Ärzte nun, dass Lysa am Kawasaki-Syndrom leidet, einer schweren, fieberhaften Gefäßentzündung, zu deren Hauptsymptomen hohes Fieber und rötliche Hautausschläge zählen. Als sie feststellen, dass es sich nicht um dieses Syndrom handelt, versuchen sie über Gemeinsamkeiten in Lounas und Lysas Tagesablauf Erkenntnisse zu gewinnen. Abgesehen vom selben Aufenthaltsort haben die beiden Schwestern beispielsweise zusammen gebadet, und Lysa hat einmal bei Louna im Bett geschlafen. Unwahrscheinlich, dass sich daraus Hautprobleme ergeben, die sie beinahe so getupft aussehen lassen wie Dalmatiner … Um dem Ursprung dieses Phänomens auf die Spur zu kommen, haben Yoan und ich noch einmal alle möglichen Umstände in Betracht gezogen: Waren die Feuchtigkeit in der Wohnung und der Schimmel an den Wänden schuld? Hat Lysa aus Lounas Fläschchen getrunken und es ihr dann zurückgegeben? Kann es sein, dass eines der Mädchen über den Speichel das andere angesteckt hat? Enthält womöglich die Wandfarbe oder ein anderer Gegenstand in der Wohnung eine unverträgliche chemische Substanz, die eine Allergie ausgelöst haben könnte? Die Ärzte haben die Ursache für dieses dermatologische Problem nie gefunden. Fünf Tage nach ihrer Aufnahme ins Krankenhaus hat Lysa es wieder verlassen, ohne irgendeiner Behandlung unterzogen worden zu sein. Sie hat nie wieder ähnliche Beschwerden gehabt. Die Flecken verschwanden – wie auch bei Louna –, ohne jegliche Spur zu hinterlassen. Bei beiden verschwanden sie jedoch nicht, indem sie sich langsam verfärbten und dann verblassten, wie das bei Hämatomen der Fall ist, also bei »blauen Flecken«, wie man im Volksmund sagt. Vielleicht wird die Wissenschaft dieses Rätsel irgendwann lösen können und herausfinden, was tatsächlich der Ursprung dieser absurden Situation war.

Wie dem auch sei: Betrachtet man die reinen Fakten, so lässt sich festhalten, dass zwei kleine Mädchen ins Krankenhaus kommen, weil sie gleichzeitig dieselben Symptome aufweisen: Flecken, die spontan auftreten und wieder verschwinden. Das ist eine objektive Feststellung; die Zustände sind identisch. Warum spricht man dann nur bei Louna von Misshandlungen? Weil sie außer den Flecken noch Ödeme aufweist? Ein Ödem enthält jedoch Wasser und kein Blut, und kann deshalb nicht von einer Gewalteinwirkung hervorgerufen worden sein!

Das war nicht die einzige Ungereimtheit im Verhalten der Ärzte. Wenn es eine Person gab, die imstande war, eine aussagekräftige Einschätzung über den Zustand unseres Babys zu geben, so war das meine Mutter. Schließlich war sie schon während meiner Kindheit immer wieder Zeugin meiner Krankheitsschübe gewesen, auch wenn wir damals noch nicht gewusst hatten, dass ich an einer seltenen Krankheit litt.

Der erste Anfall war einer der heftigsten. Ich war vier Jahre alt, als sich ganz plötzlich ein Ödem bildete, das mein ganzes Gesicht entstellte. Der Arzt fand damals keinerlei Erklärung, aber dieses dramatische Erlebnis hat meine Mutter so aufgewühlt, dass sie es nie wieder vergessen hat. Als sie nun mit meinem Vater ins Universitätsklinikum von Nancy kam, um Louna zu besuchen, war sie zutiefst schockiert von dem Anblick, der sich ihr bot. Unser Baby war intubiert und lag im Koma – allein das ist schon ein verstörender und ergreifender Anblick und hätte ausgereicht, um sie in Verzweiflung zu stürzen. Aber es war nicht nur das ... Als meine Mutter in Lounas entstelltes Gesicht blickte, sah sie noch einmal mich vor sich – das kleine Mädchen, dessen Züge sie plötzlich nicht mehr erkannt hatte, da das Gesicht so fürchterlich zugeschwollen war. Der Anblick war so ähnlich, dass sie den Eindruck hatte, um Jahre zurückversetzt worden zu sein. Weinend musste sie das Zimmer verlassen. Mein Vater, der zunächst auf dem Flur gewartet hatte, kam nun statt ihrer an das Krankenbett, und auch er brach in Tränen aus, als er Lounas Gesicht sah. Er verabscheut Krankenhäuser, und es hatte ihn Überwindung gekostet hierherzukommen, aber das war nicht der Grund für seine extreme Reaktion. Er war so aufgewühlt, weil er eine Zeit wiedererlebte, in der er von grenzenloser Angst erfüllt war: Seine Tochter hatte fürchterliche Qualen erlitten, und niemand war damals in der Lage gewesen herauszufinden, welche Krankheit sie hatte. Meinem Vater kam es vor, als würde er diesen Albtraum nun noch einmal durchleben.

Es wäre ein Leichtes für die Ärzte gewesen, meine Eltern zu den Vorfällen zu befragen. Zumindest hätten sie sich anhören können, was diese ihnen mitteilen wollten. Aber das taten sie nicht. Die Ärzte waren offenbar der Meinung, die Bemerkungen meiner Eltern seien von keinerlei Interesse, und haben sie kalt lächelnd übergangen.

Genauso unverständlich ist das Verhalten des Arztes, den wir noch abfingen, kurz bevor man uns in Polizeigewahrsam nahm. Er tat zwar alles, um uns auszuweichen, aber es gelang Yoan doch, ihm eine wichtige Frage zu stellen: »Können Sie nicht Frau Professor Gisèle Kanny konsultieren? Sie behandelt Sabrina und ist auf Angioödem-Erkrankungen spezialisiert. Sie könnte Louna untersuchen und uns sagen, ob die Kleine möglicherweise an der gleichen seltenen Krankheit leidet wie ihre Mutter. Sie können Frau Professor Kanny leicht finden, denn sie arbeitet hier im Universitätsklinikum …«

Der Arzt hörte uns zu, sagte uns aber nicht, ob er die Kollegin kontaktieren würde. An dieser Stelle machten Yoan und ich einen echten Anfängerfehler: Wir haben nicht selbst die Initiative ergriffen und uns mit Frau Professor Kanny in Verbindung gesetzt, um sie über die aktuelle Situation zu informieren! Später erfuhren wir, dass sie über Lounas Krankenhausaufenthalt Bescheid wusste, da die Geschichte im Universitätsklinikum großes Aufsehen erregt hatte. Frau Professor Kanny war auf die Kinder-Intensivstation gekommen, um ihre Unterstützung in unserem Fall anzubieten, aber ihr Kollege hatte dies kategorisch abgelehnt: »Das geht auf gar keinen Fall. Es widerspricht unserem Berufsethos. Sie behandeln die Mutter der Kleinen, daher können Sie im Hinblick auf die Tochter keine objektive Einschätzung treffen. Es gäbe einen Interessenkonflikt.«

Ich habe bis heute nicht verstanden, worin besagter Konflikt hätte bestehen können. Man hätte doch vielmehr eine Zusammenarbeit in Betracht ziehen sollen. Ist es nicht absurd, dass Mediziner, die nichts über diese Krankheit wissen, die Hilfe einer Spezialistin ablehnen? Wovor hatten sie Angst? Dass die Kollegin feststellte, dass sie sich auf diesem Gebiet nicht auskannten? Aber das war doch eine Tatsache. Später kam mir der Gedanke, dass ihre Ausrede vielleicht in einer Art Rivalität zwischen den beiden Stationen begründet lag. Jeder hat sein Revier – Pech für die Patienten, wenn sie da zwischen die Fronten geraten. Aber wahrscheinlich befürchtete man, dass Frau Professor Kanny, die mich kannte, bestätigen würde, dass Louna die gleiche genetische Krankheit hatte wie ich, und außerdem, dass ich zu keinem Akt der Misshandlung gegenüber meiner kleinen Tochter fähig war. Es spielte keine Rolle, dass sie eine anerkannte Spezialistin auf diesem Gebiet war, und ob ihre Einschätzung nun objektiv war oder nicht, war auch egal: In Lounas Fall standen sich zwei Clans gegenüber. Aber Gott wird die Seinen erkennen ...

Für die gesamte Ärzteschaft galten wir von Anfang bis Ende, während Lounas gesamtem Krankenhausaufenthalt, als Eltern, die ihr Kind misshandeln. Deshalb wurden auch verschiedene Maßnahmen ergriffen, um unser Verhalten gegenüber Louna möglichst genau zu kontrollieren. Aus diesem Grund lag ihr Zimmer genau gegenüber dem Stationszimmer. Dadurch war eine pausenlose Überwachung gewährleistet. Alle unsere Besuche und auch die unserer Eltern wurden misstrauisch beäugt und genau dokumentiert. Es wurde nicht nur festgehalten, um welche Uhrzeit wir ankamen und wie lange wir bei unserer Tochter blieben, sondern auch, wie viele Personen jeweils im Zimmer waren und wer das war. Neben dieser minutiösen Beobachtung wurde aber niemals etwas unternommen, um die Wahrheit in unserem Fall herauszufinden. Obwohl die Ärzte eine Schwellung in Lounas Bauchhöhle festgestellt hatten, taten sie nichts, um zu klären, woher das kam. Das ist besonders fatal, da es ein Leichtes gewesen wäre festzustellen, ob es sich bei der dort enthaltenen Flüssigkeit um Wasser oder um Blut handelte. Blut hätte auf eine Gewalteinwirkung hingewiesen, aber Wasser hätte eindeutig belegt, dass Louna an der gleichen Krankheit litt wie ich. Da ich nun gleichzeitig in diesem Krankenhaus lag, wäre ein Vergleich unserer beiden Fälle ein Kinderspiel gewesen ...

13. Im Fokus der Abteilung Jugendschutz

13. Februar 2012. Erst vor vierundzwanzig Stunden habe ich das Krankenhaus verlassen, was mich aber nicht davon abhält, dorthin zurückzukehren, um Louna zu besuchen. Ich bin bei ihr im Zimmer, als ich erfahre, dass ich von einer Mitarbeiterin des Kliniksozialdienstes erwartet werde. Ich begebe mich in ein kleines, weiß gestrichenes Zimmer und nehme auf einem Stuhl Platz, dessen Sitzfläche nicht einmal für ein Schulkind ausreichen würde. Die Mitarbeiterin empfängt mich nicht allein, sondern ist in Begleitung von Frau Doktor Denis, der Leiterin der Intensivstation, einer etwa dreißigjährigen Frau mit dunklem, kurz geschnittenem Haar und braunen Augen. Sofort fallen mir ihr hageres Gesicht und ihr fahler Teint auf. Der hochnäsige, eisige Ton, mit dem sie das Wort an mich richtet, schüchtert mich ein. Als wäre es die natürlichste Sache der Welt, teilt sie mir mit, dass sie die Staatsanwaltschaft eingeschaltet und über den Verdacht der Kindesmisshandlung an unserer Tochter in Kenntnis gesetzt hätte und dass ich demnächst eine Vorladung von der Abteilung Jugendschutz erhalten würde. Ich kann es nicht fassen. Ich starre sie wortlos an, während

sie ihre Sermon herunterspult, aber innerlich koche ich vor Wut. Diese Ärzte haben einfach völlig den Verstand verloren! Dann bricht es aus mir heraus, und ich äußere in aller Klarheit, was ich denke. Frau Doktor Denis zeigt sich jedoch vollkommen unbeirrt und erwidert mir: »Sie haben doch gesehen, in welchem Zustand sie war! Es war mehr als gerechtfertigt, die Staatsanwaltschaft einzuschalten!«

Als ich ihr antworte, dass wir unserer kleinen Tochter niemals auch nur ein Haar gekrümmt haben, beginnt sie, alle Untersuchungen aufzuzählen, die durchgeführt wurden, ohne allerdings auf ihre Ergebnisse zu sprechen zu kommen. Was haben die Untersuchungen denn bewiesen? Dieser Gedanke setzt mir so zu, dass ich herausschreie: »Es gab keinerlei Misshandlungen von uns, verstehen Sie das, oder ist das zu kompliziert für Sie?«

»Beruhigen Sie sich …«

»Nein, ich beruhige mich nicht! Haben Sie jemals einen Menschen gesehen, der ruhig bleibt, wenn man ihn zu Unrecht beschuldigt?«

Jetzt ändert Madame Denis ihren Tonfall, sie verfällt ins Ironische. Sie redet mit mir, als hätte ich den IQ einer Schnecke. Offenbar denkt sie, ich merke nicht, dass sie mich für eine gemeine Lügnerin hält. Ohne eine Miene zu verziehen, sagt sie: »Ja, genau … Natürlich, ich verstehe …«

»Nein, Sie verstehen überhaupt nichts! Sie sitzen hier und sagen mir solche Dummheiten ins Gesicht, und da soll ich mich nicht aufregen?«

Ich habe Angst, dass ich nun endgültig die Beherrschung verliere und die Situation aus dem Ruder läuft. Zuerst kommt Louna ins Krankenhaus, dann ich selbst und schließlich auch noch Lysa, eine schreckliche Nachricht jagt die andere, ich werde von Schmerzen und Ängsten geplagt … und da hält mir diese Frau ihre heuchlerische Rede mit einer Ruhe, als säße sie in einem Teesalon! Es ist nicht zum Aushalten! Bin ich hier denn nur unter Verrückten? Meine Duldsamkeit hat Grenzen. Ich merke, dass ich mich kaum noch zusammenreißen kann. Deshalb stehe ich abrupt auf und stürze aus dem Raum. Macht doch ohne mich weiter! Vor der Tür marschiere ich den Flur auf und ab, bis die Mitarbeiterin des Kliniksozialdienstes mich wieder zurückholt: »Kommen Sie, wir werden versuchen, gemeinsam herauszufinden, wie und warum …«

Schon wieder eine solche Phrase! Was soll das denn heißen: ›wie und warum‹? Man muss doch nur, und nichts anderes verlange ich, einen einfachen Bluttest machen! Widerwillig kehre ich an meinen Platz zurück, setze mich gegenüber von Madame Denis, die mir mit gleichbleibender Ruhe, als wäre es eine belanglose Kleinigkeit, erneut erklärt: »In jedem Fall werden Sie, wenn der Staatsanwalt beschließt, dass ein Verfahren eröffnet wird, eine Vorladung von der Abteilung Jugendschutz bekommen …«

Sonst noch was? Ich habe genug gehört, mir reicht es jetzt und ich gehe!

Gegen siebzehn Uhr begegnet mir auf dem Flur eine groß gewachsene blonde Frau. Mit starkem polnischem Akzent fragt sie mich: »Sind Sie Madame Dietsch?«

»Ja, warum?«

»Abteilung Jugendschutz. Wir möchten Ihnen ein paar

Fragen bezüglich Ihrer Tochter stellen, deren Gesundheitszustand besorgniserregend ist. Es wird nicht lange dauern. Sobald wir fertig sind, können Sie wieder zu ihr zurück.«

Ich steige in ihren alten Renault Clio, der vor dem Polizeipräsidium von Nancy am Boulevard Lobau hält. Dort betrete ich ein Büro, in dem Kinderzeichnungen an den Wänden hängen. Hier und da gibt es auch Fotos, vermutlich von den Familienangehörigen der Polizeimitarbeiter. Die große blonde Frau und ein anderer Inspektor beginnen nun abwechselnd, mich zu befragen, und achten dabei auf das geringste Zögern, das mir bei den Antworten unterläuft. Anfangs sind sie sehr zuvorkommend, fragen mich, ob ich einen Kaffee haben möchte, und interessieren sich für meine Meinung zu Lounas Zustand und den Untersuchungen, die gemacht wurden, sowie zu der Situation im Allgemeinen. Ich antworte ihnen ausführlich, bevor ich ihnen zum Schluss mitteile: »Ich für meinen Teil glaube, dass sie die gleiche Krankheit hat wie meine Mutter, meine Schwester und ich …«

»Sind Sie sicher?«

»Ich kann es nicht beweisen, weil der entsprechende Test bei ihr nicht durchgeführt wurde. Aber alles weist darauf hin.«

»Und wie lässt sich diese Krankheit feststellen?«

»Es reicht eine einfache Blutprobe, die dann in einem Speziallabor untersucht werden muss.«

Mir fällt auf, dass alles, was ich sage, sofort aufgeschrieben wird. Nun hoffe ich, dass diese Erklärungen die Polizeibeamten dazu bewegen, das Krankenhaus zu einem solchen

Test bei Louna aufzufordern. Aber sie äußern sich nicht dazu. Dafür stellen sie mir beharrlich weitere Fragen, besonders zu Yoan: »Sie wissen, dass er verurteilt wurde wegen Gewalttätigkeit gegen die Mutter seiner Tochter?«

»Ja, das hat er mir nie verschwiegen. Ihre Trennung war kompliziert, und sie wurden beide wegen Gewalttätigkeit gegen den anderen belangt.«

Zwei Stunden später habe ich das Gebäude wieder verlassen. Ich bin ziemlich erleichtert und atme auf. Die Befragung ist höflich verlaufen, geradezu angenehm im Gegensatz zu der angespannten Feindseligkeit der Ärzte und des Pflegepersonals im Krankenhaus. Der Inspektor hat sich sogar mit den Worten »Auf Wiedersehen, Madame, und alles Gute für Ihre kleine Tochter!« von mir verabschiedet. Wenn sogar die Polizeibeamten in der Lage sind, uns etwas Einfühlungsvermögen und Menschlichkeit entgegenzubringen, warum begegnet uns dann das medizinische Personal mit einer so frostigen, offensichtlichen Ablehnung? Die Vorladung von der Abteilung Jugendschutz hat mir Angst gemacht, und jetzt denke ich, das Schlimmste sei vorüber. Ich habe keine Ahnung, dass das alles noch längst nicht ausgestanden ist …

14. Späte Aufklärung

Als wir 2016, nach vier Jahren der Auseinandersetzung mit dem Universitätsklinikum von Nancy, endlich Lounas Patientenakte in den Händen halten, verstehen wir besser, warum Ärzte und Pflegepersonal uns mit so wenig Empathie begegnet sind und warum sie uns die ganze Zeit über für schuldig gehalten haben. Während die Kinderärztin, die wir vor Lounas Aufnahme ins Krankenhaus konsultiert haben, keine Auffälligkeiten festgestellt hat, spricht die Ärztin des Bereitschaftsdienstes in ihrem Bericht von Anfang an davon, dass es möglicherweise Hinweise auf Misshandlungen gibt. Damit wurde der Stein ins Rollen gebracht. Und es blieb nicht der einzige Bericht, der diesen Verdacht nährte …

Am 2. Februar 2012, als wir Louna nach drei langen Stunden des Wartens endlich in ihrem Krankenzimmer wiedersehen, wissen wir nicht einmal, welche Untersuchungen die Notärzte der Kinderstation und anschließend die Ärzte der Intensivstation durchgeführt haben. Erst Lounas Patientenakte wird uns die endlose Liste der Untersuchungen enthüllen: PET-MRT, um eventuelle Tumoren zu entdecken; CT, Knochenszintigraphie, Echoenzephalographie, von

Blutentnahmen und Röntgenaufnahmen ganz zu schweigen! Sobald eine Untersuchung ergebnislos verlaufen war, wurde die nächste angeordnet; das eigentliche Ziel der Ärzte war es dabei, den Beweis dafür zu erbringen, dass wir unsere kleine Tochter misshandelt hatten! Wie wir da so sicher sein können? Als sie eine Untersuchung des Augenhintergrundes anordneten, um festzustellen, ob eine Verletzung oder eine Entzündung der Netzhaut vorliegt, haben sie auf der Verordnung vermerkt: »Untersuchung auf Schütteltrauma-Syndrom«. Hinter diesem Fachbegriff verbirgt sich eine ganze Anzahl von Symptomen, die in der Regel misshandelte Kinder aufweisen! Mit dieser Untersuchung wollten die Ärzte die Hypothese der Kinderärztin des Bereitschaftsdienstes untermauern …

Natürlich stellt sich die Frage, warum man um jeden Preis beweisen will, dass wir Kinderquäler sind. Ursache ist eine Meldung an die Staatsanwaltschaft von Nancy, die elf Tage nach Lounas Aufnahme auf der Kinder-Intensivstation erfolgte. Am 6. Februar 2012 kommt die leitende Stationsärztin Madame Denis in Abstimmung mit der Mitarbeiterin des Kliniksozialdienstes zu dem Schluss, dass es sich bei Louna um einen dringenden Notfall handelt. Sie verfasst deshalb einen Bericht im Sinne der Fürsorgepflicht. Eigentlich unterliegt sie der Schweigepflicht, aber wenn Gefahr für ein minderjähriges Kind besteht, sieht das Gesetz eine Ausnahme, ja sogar eine Meldepflicht vor. Madame Denis gibt also an, dass am 2. Februar ein drei Monate altes Baby in äußerst kritischem Zustand in die Kinder-Notaufnahme eingeliefert worden ist. Nach Beschreibung der Symptome listet Madame Denis die durchgeführten Untersuchungen auf und betont, dass alle Ergebnisse negativ ausgefallen sind. Die Schlussfolgerung liegt auf der Hand: In Ermangelung einer anderen medizinischen Ursache ist nicht ausgeschlossen, dass die Eltern für die Symptome ihrer Tochter verantwortlich sind.

Warum lässt Madame Denis eine Woche verstreichen, bevor sie die Staatsanwaltschaft von Nancy davon in Kenntnis setzt? Das haben wir niemals erfahren. Aber als dieser Bericht der Staatsanwaltschaft am 13. Februar zugestellt wird, setzt sich auf der Stelle die juristische Maschinerie in Gang. Bereits am nächsten Tag bestimmt der Staatsanwalt im Eilverfahren Professor Leheup, den Chef der Kinderklinik, in der Louna liegt, als zuständigen Experten. Ich hätte gedacht, das sei ein Fall von Interessenkonflikt und Befangenheit … Aber obwohl dieses Argument gegen Frau Professor Kanny – die Spezialistin, die mich behandelt hat – angeführt wurde, gilt es im Fall von Professor Leheup offenbar nicht. Der Staatsanwalt stellt ihm eine präzise Frage: Können die bei dem Kind vorhandenen Symptome mit denjenigen eines hereditären Angioödems in Verbindung gebracht werden? Das ist die entscheidende Frage: Fällt die Antwort positiv aus, wird die ganze Geschichte von einer Misshandlung zerplatzen wie eine Seifenblase.

Als ich am Morgen des 14. Februar Lounas Zimmer betrete, ist Professor Leheup gerade dabei, unsere Tochter zu untersuchen. Beim Nähertreten bemerke ich, dass er sein Augenmerk auf ihren Intimbereich gerichtet hat. Aufgebracht will ich Genaueres zu seinen Untersuchungen wissen, und er antwortet mir: »Bei einem Angioödem ist es ratsam, alles zu überprüfen …«

Auch wenn ich selbst erst vor einem Jahr meine Diagnose bekommen habe, weiß ich mittlerweile einiges über diese Krankheit. Im Intimbereich macht sie sich nie bemerkbar, deshalb vermute ich, dass der Professor bei Louna keineswegs nach Symptomen des Angioödems sucht. Tatsächlich sucht er nach Spuren sexueller Gewalt.

Wegen seines Gutachtens für das Gericht telefoniert Professor Leheup am späteren Morgen mit Frau Professor Bouillet, Abteilungsleiterin des CREAK, also einer Spezialistin für Angioödem-Erkrankungen. Ich weiß nicht, wie er unseren Fall schildert, aber als wir später endlich ein Gespräch mit dieser Spezialistin führen können, wird sie uns gestehen, dass Leheup keinerlei Zweifel zugelassen hat: Für ihn stand fest, Louna sei sexuell missbraucht worden. Madame Bouillet beendet das Telefonat mit Professor Leheup mit der Aussage: »Ich kann ihnen nur eine vage Einschätzung geben, deshalb bekommen Sie die auch nur mündlich und nicht schriftlich. Ansonsten müsste ich die Kleine untersuchen. Ihrer Beschreibung zufolge leidet das Kind nicht an einem Angioödem. Dafür spricht insbesondere die Tatsache, dass diese Krankheit frühestens im Vorschulalter ausbricht. Aber natürlich sind unsere wissenschaftlichen Erkenntnisse bezüglich dieser Erkrankung noch durchaus ausbaufähig …«

Professor Leheup kontaktiert daraufhin einen anderen Kollegen, Doktor Deiber, der im Krankenhaus von Chambéry praktiziert und keinerlei Kompetenz im Hinblick auf diese Krankheit besitzt. Erneut stellt Professor Leheup Lounas Fall auf seine Weise dar, und in wenigen Minuten hat er seine Bestätigung: Doktor Deiber ist der Auffassung, dass Louna nicht an derselben Krankheit leidet wie ich. Sie ist Opfer von Gewalttätigkeiten, schwingt in seiner Aussage mit.

Wie sieht nun das Ergebnis dieser beiden Telefonate aus? Ohne Lounas Patientenakte eingesehen zu haben, nur im Vertrauen auf die Einschätzung des behandelnden Arztes, bestätigen Frau Professor Bouillet und Herr Doktor Deiber, dass Louna keine Anzeichen meiner genetischen Krankheit aufweist. In seinen Beschlüssen bestärkt, schickt Professor Leheup nun ohne weiteren Zeitverlust einen Bericht an den Staatsanwalt, in dem er bestätigt, dass er die Einschätzung seiner Kollegen teilt und die Möglichkeit eines Angioödems ausschließt. Er erwähnt weder die Lungenentzündung noch die Anämie, an der Louna leidet, liefert hingegen genaue Angaben zu den blauen und roten Flecken, die somit als Beweise für seinen schrecklichen Befund fungieren. Das Schlimmste ist jedoch seine niederschmetternde Schlussfolgerung: Gegen Louna wurde vorsätzlich Gewalt ausgeübt!

Ich erzähle Yoan, dass dieser Arzt gerade den Genitalbereich von Louna untersucht hat, als ich ins Zimmer kam, und dass mir sein Verhalten seltsam erschien. Yoan ist alles andere als überrascht und antwortet mir: »Da brauchst du dich nicht zu wundern. Mir ist schon lange klar, worauf das Ganze hinausläuft.« Wie so oft hatte er das richtige Gespür. Allerdings hat er nicht vorausgesehen, dass die Abteilung Jugendschutz noch am selben Nachmittag in unserer Wohnung auftauchen und uns in Gewahrsam nehmen würde.

15. David gegen Goliath

Aus meiner Zelle heraus sehe ich, wie Yoan vorbeigeht. Seine Augen liegen tief in ihren Höhlen, sein Gesicht ist aschfahl und sieht gespenstisch aus. Er ist nur noch ein Schatten seiner selbst. Nichts erinnert mehr an den charmanten jungen Mann, den ich vor zwei Jahren kennengelernt habe. Diese zwei Tage hinter Schloss und Riegel haben ihm fürchterlich zugesetzt. Ich sehe vermutlich kaum besser aus ... Schlimm an dieser Situation ist die Erfahrung des Eingeschlossenseins, die man in dieser Weise noch nie gemacht hat. So heftig man auch an der Tür rüttelt, sie wird nicht aufgehen. Man kann nichts mehr selbst entscheiden, sondern muss erdulden, was andere entscheiden. Hinzu kommt das Gefühl, schmutzig zu sein. Man lechzt nach einer Dusche, um all diesen Dreck abzuwaschen, der äußerlich und innerlich an einem klebt. Aber am schlimmsten sind jene Minuten vor der endgültigen Entscheidung jenes einen Menschen, der die unfassliche Macht hat, einen ins Gefängnis zu verbannen oder in die Freiheit zu entlassen.

Diese Phase durchleben Yoan und ich gerade. Seit beinahe achtundvierzig Stunden befinden wir uns mittlerweile auf dem Polizeipräsidium. Nur noch eine halbe Stunde, dann wird unser Schicksal besiegelt. Eine Verlängerung des Gewahrsams erlaubt das Gesetz nicht – nicht um eine Minute darf der festgelegte Zeitraum überschritten werden. Das ist unumstößlich, und bei jeglicher Form der Missachtung können alle Vernehmungen, die stattgefunden haben, für nichtig erklärt werden. Ich zweifle daran, dass die Gespräche am Telefon zügig vorangehen, und stelle mir die Wortwechsel vor:

»Meine Verehrung, Herr Staatsanwalt! Haben Sie einen Beschluss zum weiteren Vorgehen im Fall Bombarde/Dietsch gefasst?«

»Gibt es etwas Neues aus den Vernehmungen?«

»Sie streiten weiterhin alles ab.«

»Was ist mit den Familienangehörigen? Gibt es da auch keine Hinweise?«

»Nein, alle beteuern, die beiden seien gute Eltern und nicht zu Misshandlungen in der Lage.«

»Etwas anderes hätte mich auch erstaunt! Allerdings sehen die Mediziner das ganz anders, und zwar eindeutig anders!«

»Was sollen wir machen? Heben wir den Gewahrsam auf, oder nehmen wir sie in Untersuchungshaft?«

»Es sieht ja ganz so aus, als befände sich die Kleine in einem schlimmen Zustand … Ich spreche noch einmal mit Professor Leheup und rufe Sie dann zurück.«

»Bitte nicht zu spät, Herr Staatsanwalt …«

»Danke für den Hinweis, aber ich kenne die Vorschriften!«

Ab und zu geht ein Inspektor auf dem Flur vorüber. Jedes Mal springe ich auf und frage mich, wie die Entscheidung wohl ausgefallen ist. Auch die große blonde Frau, die mich hier auf dem Präsidium befragt hat, kommt vorbei. Sie muss einige Berufserfahrung haben, denn sie ist wie ein Profi vorgegangen. Anfangs hat sie Mitgefühl gezeigt, nach dem Motto, wir sind ja beide Mütter … Sie hat die Situation entspannt, um einen affektiven Austausch zu erreichen. In dieser Phase war das Gespräch beinahe freundschaftlich. Sie verhielt sich sehr zuvorkommend: Weil sie wusste, dass ich rauche, trieb sie ihre Fürsorge so weit, dass sie einen jungen Inspektor losschickte, um Zigaretten für mich zu holen. Sie erlaubte mir auch, im Büro eine Zigarette anzuzünden – das mag nur eine Kleinigkeit sein, aber für mich, die ich mich so verlassen fühlte, war es ein echter Trost. Dann erzählte sie mir von ihrer Familie und zeigte mir ein Foto von ihrem kleinen Sohn. Dabei sollte ich eigentlich auf ihre Fragen antworten und nicht zu ihrer Vertrauten werden. Irgendwann fragte ich mich, warum sie mit mir wie mit einer Freundin sprach, warum sie mir so vertrauliche Dinge aus ihrem Leben erzählte. Dann begriff ich, dass sie mich manipulieren wollte, indem sie mich in ihren engeren Kreis zog. Provozieren, angreifen oder erschrecken, das führt beim Gesprächspartner zu einer Abwehrreaktion, und dann wird der Ton schnell schärfer, die Fronten verhärten sich, und jeder beharrt auf seiner Position. Irgendwann brechen manche Menschen dann zusammen, aber bis dahin dauert es oft sehr lang. Besteht bei einem Fall dringender Handlungsbedarf, ist eine solche Gesprächsführung nicht von Vorteil, aber es gibt eine bewährte Alternative: Man verbündet sich gewissermaßen mit dem Beschuldigten, ja, man macht sich zu seinem »Komplizen«. Allem Anschein zum Trotz ist es schwerer, Widerstand gegen freundliche Zugewandtheit zu leisten als gegen den Einsatz des Schlagstocks. Um mir in unserem Gespräch etwas zu entlocken, gestand mir die Polizeibeamtin, wie sehr ihr kleiner Sohn ihr fehlte. Sie hatte ihn wegen meines Falls nun bereits fünf Tage nicht gesehen, und es ging ihm gar nicht gut. Sie arbeitete Tag und Nacht, kam nicht nach Hause und hatte nicht einmal Zeit zum Essen. Bekümmert gestand mir die Inspektorin, dass sie ihren Sohn den Schwiegereltern anvertraut hatte und dass er jeden Abend weinte und nach seiner Mama rief … Auch wenn ich aufrichtig mit ihr fühlte, konnte ich kein falsches Geständnis ablegen, nur damit sie ihren Sohn wiedersah. Als die vierundzwanzig Stunden sich ihrem Ende zuneigten und sie sah, dass ihre Taktik nicht aufging, änderte die Inspektorin ihr Verhalten von Grund auf. Die weibliche Solidarität und die gemeinsam gerauchte Zigarette waren vergessen, der Wechsel war geradezu brutal. Ich fragte sie: »Können Sie vielleicht für mich nachfragen, wie es meiner Tochter jetzt geht?«

»Ach, plötzlich machen Sie sich Sorgen um die Gesundheit Ihrer Tochter? Das ist ja etwas ganz Neues! Als Sie Ihrem Lebensgefährten erlaubt haben, den ›Flieger‹ mit ihr zu machen, hatten Sie aber keine Sorge, dass das gefährlich sein könnte …«

»Aber … sie hat sich dabei doch nicht verletzt.«

»Aha, es ist also normal, dass Ihr Lebensgefährte mit Ihrem Baby herumwirft? Ich als Mutter finde so etwas vollkommen untragbar … Aber Sie, Sie sind ja keine normale Mutter. Sie lachen auch noch darüber – Ihre Tochter ist für Sie doch nur Unterhaltung, eine Spielerei!«

Jetzt war die Maske gefallen, und eine scheußliche, gemeine Fratze kam zum Vorschein. Sie brachte mich so aus der Fassung, dass ich die Tränen nicht zurückhalten konnte. Ihre Reaktion war eiskalt: »Sieh an, jetzt weint sie! Das ist reichlich spät … Anstatt herumzuheulen, sollten Sie lieber zugeben, was Sie getan haben!«

Von diesem Moment an nahm sie mich unter Dauerbeschuss. Ihre Vorwürfe prasselten auf mich herab wie Peitschenhiebe. Sie warf mir alle möglichen Schimpfworte an den Kopf, behauptete, dass ich eine Rabenmutter und zudem auch noch eine Heuchlerin sei, bis ich am Ende selbst an mir zweifelte. Ich überlegte, was für Fehler ich gemacht hatte, zu welchem Zeitpunkt Yoan möglicherweise die Kontrolle verloren hatte, ob ich tatsächlich so sorglos und oberflächlich war, wie sie behauptete. Als die Inspektorin bemerkte, dass sie mich ins Wanken gebracht hatte, bohrte sie weiter: »Sie haben uns erzählt, dass Sie in die Apotheke gegangen sind, um Medikamente zu kaufen. Wir haben das überprüft, aber niemand erinnert sich dort an Sie. Finden Sie nicht, dass Sie uns allmählich genug Geschichten aufgetischt haben? Sie sind die schlimmste Lügnerin, die mir jemals begegnet ist!«

Noch grausamer zeigte sich die Inspektorin jedoch während des zweiten Gewahrsams, als ich es wagte, ein weiteres Mal meine immergleiche Frage zu wiederholen: »Warum überprüfen Sie nicht, ob Louna an derselben Krankheit leidet wie ich, anstatt mich mit Ihren wirren Behauptungen zu quälen?«

Wie eine Furie sprang sie auf, riss ein paar Schwarz-Weiß-Aufnahmen aus ihrer Schreibtischschublade und schleuderte sie wutentbrannt vor mir auf den Tisch. Es waren mindestens zwanzig Fotos, auf denen stets Louna zu sehen war. Es waren Nahaufnahmen aus allen möglichen Blickwinkeln dabei: Man sah ihr aufgedunsenes Gesicht, die geschwollene Wange, den mit Elektroden versehenen Schädel, den in ihrem Hals steckenden Schlauch und ihren kleinen, so zarten und zerbrechlichen Körper … Die Inspektorin wollte mir mit allen Mitteln eine Reaktion abringen, und das gelang ihr nun auch. An welchem Tag waren diese Aufnahmen gemacht worden? Bedeuteten sie, dass Louna sich auch jetzt noch in einem kritischen Zustand befand? Ich begann haltlos zu weinen, was die Inspektorin jedoch nicht im Geringsten erweichen konnte: »Sehen Sie sich diese Fotos genau an! Es ist keine Krankheit, die Ihrer Tochter so zugesetzt hat! Die Spezialisten sind sich einig: Sie ist nicht krank. Deshalb gestehen Sie jetzt endlich, oder behaupten Sie, dass es ein Unfall war, wenn Ihnen das lieber ist, aber hören Sie auf, uns etwas vorzuspielen. Ich will die Wahrheit wissen!«

»Was soll ich Ihnen denn sagen? Wir haben nichts getan!«

»Der Zustand der Kleinen lässt nicht den geringsten Zweifel zu: Es muss etwas vorgefallen sein. Wir sind im Bilde! Krokodilstränen habe ich in meinem Leben schon oft genug gesehen. Es reicht jetzt, hören Sie auf, etwas so Offensichtliches zu leugnen, und reden Sie!«

Am Ende jeder Vernehmung forderten die Polizeibeamten mich auf, das Blatt Papier zu unterschreiben, auf dem meine Aussagen festgehalten wurden. Da ich misstrauisch war, las ich das Protokoll sorgfältig durch: Das schien sie aufzubringen, ganz besonders, wenn ich feststellte, dass einige meiner Antworten verändert worden waren …

»Es tut mir leid, aber das habe ich so nicht gesagt …«

»Was gibt es denn jetzt schon wieder?«

»Ich habe nicht gesagt, dass ich mich an dem betreffenden Tag überhaupt nicht um die Kleine gekümmert habe. Ich habe gesagt, dass ich mich weniger als sonst um sie gekümmert habe, da ich krank war …«

Die Inspektorin polterte: »Ach ja, wir wissen mittlerweile, dass Sie krank sind. Sie betonen es ja unentwegt. Mademoiselle Dietsch, Sie gehen mir langsam wirklich auf die Nerven! Sie werden jetzt nicht an jedem Wort herumnörgeln. Das macht doch keinen Unterschied! Es läuft aufs Gleiche hinaus.«

»Nein, ganz und gar nicht. So wie Sie mir das Wort im Mund herumdrehen, sieht es aus, als hätte ich Louna den ganzen Tag sich selbst überlassen.«

Die Inspektorin riss mir wütend das Protokoll aus den Händen. »Sehr schön, wir fangen noch einmal von vorn an. Es macht Ihnen ja offenbar nichts aus, mich noch einmal alles abtippen zu lassen, nicht wahr? Oje, bei Ihnen braucht man wirklich viel Geduld! Wir können auch die Nacht hier verbringen, wenn es sein muss, aber wir werden schon alles aufklären, glauben Sie mir!«

Als ich dem Staatsanwalt vorgeführt wurde, ersparten mir die Polizeibeamten den Weg über die Esplanade des Landgerichts. Sie parkten ihren Wagen in der Nähe des Haupteingangs, zu dem wir lediglich noch eine Treppe hinaufgehen mussten. Vielleicht fürchteten sie sich ein wenig vor der Reaktion der Passanten: Es war schließlich eine sehr junge Frau, die man in Handschellen vorführte – das hätte unerwünschte Reaktionen hervorrufen können, Sympathien für mich, vielleicht auch Empörung gegen sie. Ich kam also nur sehr kurz in Kontakt mit der Menge, aber es war lange genug, um mir die Schamesröte ins Gesicht zu treiben. Ich musste an etwa fünfzig Personen vorbeigehen und hatte den Eindruck, als seien alle Blicke auf mich gerichtet. Seltsamerweise schoss mir in diesem Moment die Frage durch den Kopf, was wohl meine Eltern denken würden, wenn sie mich so sähen … Würden sie tatsächlich glauben, ihre Tochter sei eine Kriminelle? Ich blickte lieber überhaupt nicht hoch, und der Polizeibeamte neben mir sagte: »Wieso schauen Sie zu Boden? Heben Sie ruhig den Kopf und stehen Sie zu dem, was Sie angerichtet haben!«

Die Polizeibeamten waren zwar alles andere als freundlich zu mir, aber sie nahmen mir immerhin die Handschellen ab, als wir das Arbeitszimmer des Staatsanwalts betraten. Kaum stand ich vor ihm, befahl er den Beamten in einem Ton, der keine Widerrede duldet: »Sie legen ihr sofort die Handschellen wieder an!«

Während ein Polizeibeamter diesem Befehl nachkam, musterte mich der Staatsanwalt von Kopf bis Fuß, als versuchte er zu ergründen, was für eine Frau es war, die hier vor ihm stand. Die Musterung war rasch vollzogen: »Mademoiselle Dietsch, sind Sie sicher, dass Sie mir nichts zu sagen haben? Nein? Ich verlängere den Gewahrsam um weitere vierundzwanzig Stunden, und zwar aufgrund derselben Anschuldigungen. Meine Herren, Sie können gehen!«

Während dieses zweiten Gewahrsams ging es mir immer schlechter, und ich musste mich ständig übergeben. Bei jedem Gang auf die Toilette forderte der Jüngste und Unerfahrenste der Polizeibeamten mich auf: »Betätigen Sie bitte nicht die Spülung, ich muss alles überprüfen ...« Selbst wenn ich einen Mülleimer benutzte, um mich zu übergeben, nahm er den Inhalt in Augenschein, um sich zu vergewissern, dass ich nicht simulierte. Der Arme befolgte die Anordnungen seiner Vorgesetzten und wirkte dabei ein wenig überfordert. Ich dachte nur noch: »Die sind ja alle vollkommen übergeschnappt, wie sollte ich einen solchen Zustand denn vorspielen?«

Die Zeit des Gewahrsams neigte sich dem Ende zu. Es tat sich nichts mehr, aber plötzlich sah ich am anderen Ende des Gangs, wie zwei Beamte die Zelle von Yoan betraten, ihm Handschellen anlegten und ihn mitnahmen. Yoan war vor mir in Gewahrsam genommen worden, also war die gesetzlich festgelegte Zeitspanne bei ihm auch etwas früher vorüber, aber was ich hier beobachtete, verhieß nichts Gutes. Man legt einem Menschen, den man in die Freiheit entlässt, schließlich keine Handschellen an. Ich war fassungslos. Sollten alle unsere Einwände also nichts genutzt haben? Hatte niemand uns zugehört? Die Ärzteschaft behauptete, dass wir schuldig waren, und alle anderen schlugen sich auf die Seite der Mediziner. Das Ganze war von Anfang an ein Kampf zwischen David und Goliath gewesen, und trotz unserer anfänglichen Zuversicht hatten wir von vornherein keine Chance gehabt!

YOAN

16. Der Todesstoß

Ich habe es ganz genau gewusst. Die Polizisten kommen, legen mir Handschellen an und nehmen mich mit auf eine Reise durch die Nacht. Ich werde heute im Gefängnis schlafen … Ich warte in einem Büroraum, bis man mir die persönlichen Dinge aushändigt, die bei meiner Ankunft konfisziert worden sind. Durch das Fenster sehe ich zwei Polizeiautos samt Besatzung stehen, die bei laufendem Motor warten. Es ist klar, was das heißt: Ein Wagen ist für mich, der andere für meine Lebensgefährtin. Sabrina betritt ebenfalls den Büroraum – Panik steht ihr ins Gesicht geschrieben, aber auch Erleichterung darüber, mich zu sehen. Seit einer Viertelstunde kreisen ihre Gedanken einzig und allein um die Frage, wohin man mich gebracht hat, ob ich schon auf dem Weg zum Gefängnis bin oder noch hier im Polizeipräsidium. Ein Funken Hoffnung liegt noch in ihrem Blick. Ich hingegen habe so viel eingesteckt, dass ich mich einfach nur leer fühle. Ich harre der Dinge, die da kommen – nichts weiter.

Wir sitzen regungslos auf unseren Stühlen, die Polizisten schieben uns Papiere zu, die wir unterzeichnen sollen.

Ich bin so erschöpft, dass mich nur noch ein Wunsch erfüllt: Das Ganze soll ein Ende haben! Was kann ich schon dagegen ausrichten, wenn man uns liebende Eltern plötzlich als üble Kinderschänder abstempelt? Also unterzeichne ich, ohne den Text durchzulesen, was macht das schon für einen Unterschied? Sabrina folgt meinem Beispiel, aber sie rafft sich immerhin noch zu einer Frage auf: »Wie geht es denn jetzt weiter?«

Der Polizeibeamte erwidert trocken: »Sie sind frei, Sie können gehen!«

»Was? Wir müssen nicht ins Gefängnis?«

»Verschwinden Sie endlich!«

Wir können es kaum glauben, alles kommt uns so unwirklich vor, dass wir seinen Worten nicht trauen …

»Sind Sie sicher?«

Der Inspektor presst weiterhin fest die Lippen zusammen. Mit bitterbösem Blick zischt er uns an: »Verschwinden Sie, und zwar schnell!«

Es ist nur allzu offensichtlich, dass die Polizisten alles andere als erfreut darüber sind, dass wir unsere Freiheit zurückerhalten haben. Sie lassen uns ihre Empörung spüren: Wenn es nach ihnen gegangen wäre, dann … Aber der Staatsanwalt hat seine Entscheidung getroffen, und diese steht nicht zur Diskussion. Es ist schwierig, einen Mann und eine Frau in Haft zu nehmen, gegen die man außer der Überzeugung der Mediziner und einem psychiatrischen Gutachten keinerlei Beweise in der Hand hat; die sich zudem nicht ein einziges Mal bei ihren Aussagen widersprochen haben und deren Familien in ihren Aussagen nicht ein einziges Verdachtsmoment untermauert haben. Der Staatsanwalt hatte keine Wahl, auch wenn er vermutlich gedacht hat: »Jetzt sind sie noch mal davongekommen, aber sie werden ihrer Strafe nicht entgehen ...«

Obwohl wir durch die zwei Tage ohne Bewegung regelrecht eingerostet waren, suchten wir so schnell wie möglich das Weite. Plötzlich fielen mir die beiden im Hof parkenden Polizeiautos samt ihrer vermeintlich auf uns wartenden Besatzung wieder ein. War das Ganze ein abgekartetes Spiel? Wollten uns die Bullen bis zum Schluss glauben machen, dass alles auf Messers Schneide stand und wir ihnen letztlich nicht entkommen würden? Da sie gezwungen waren, uns laufen zu lassen, gönnten sie sich den Spaß, unsere Nerven bis zur letzten Minute zu strapazieren und uns zu demütigen. Das war ihre Art, sich dafür zu rächen, dass ihre Bemühungen umsonst gewesen waren und sie nun einer Anordnung nachkommen mussten, die ihnen gegen den Strich ging.

Draußen auf dem Gehsteig vor dem Polizeipräsidium, wirklich erst in diesem Augenblick, realisierten wir, dass wir dem Schlimmsten entgangen waren. Wir konnten immer noch nicht glauben, was uns geschah. Wir verließen diese Beton-Festung, ohne einem Untersuchungsrichter vorgeführt worden zu sein, ohne dass ein Verfahren eingeleitet worden war und ohne gerichtliche Aufsicht: Daher gab es für uns auch keinerlei Auflagen. Während des Polizeigewahrsams hatte meine Anwältin mir erklärt, dass es zwangsläufig noch zu einem Nachspiel kommen würde. Aber jetzt stellten wir fest: Wir beendeten diese Reise durch die Hölle so, wie wir sie angetreten hatten – frei und ohne Handschellen!

Wohltuend frisch schlug mir der kalte Wind ins Gesicht, die Autoabgase umschmeichelten geradezu meine Nase, die Stadtgeräusche drangen an mein Ohr – all diese nebensächlichen Dinge, die man im Alltag kaum bemerkt, waren mit einem Mal ein Symbol der Freiheit. Wie zwei lebende Tote stiegen wir in die Straßenbahn. Die Erlebnisse der letzten achtundvierzig Stunden wirbelten in unseren Köpfen wild durcheinander, während wir schlaff und der Wirklichkeit entrückt auf unseren Sitzen hingen. Wir fühlten uns so fürchterlich schmutzig, dass wir, als wir in unserer Wohnung ankamen, zuallererst unter die Dusche gingen – als könnte das herabprasselnde Wasser uns von allen erlittenen Grobheiten und Demütigungen reinwaschen. Kaum hatte Sabrina das Badezimmer verlassen, zog sie sich rasch an und machte sich, ohne auf mich zu warten, erneut auf den Weg zum Krankenhaus. Dabei flehte sie zum Himmel, dass es Louna besser ging. Ihre Mutter und ihre Schwester, die bei Louna geblieben waren und nicht wussten, dass man uns freigelassen hatte, brachen in Tränen aus, als sie Sabrina erblickten. Während wir uns in Gewahrsam befanden, hatten sie sich mit meiner Mutter abgewechselt, um bei Louna zu wachen. Sabrina, die seit zwei Tagen keine Neuigkeiten mehr von Louna gehabt hatte, eilte in ihr Zimmer. Ein Seufzer der Erleichterung entfuhr ihr, als sie feststellte, dass man Louna wieder extubiert hatte. Die Ärzte hatten den Beatmungsschlauch entfernt, der zuvor mit Haftstreifen an ihrem Mund befestigt war. Ihr Gesicht war wieder abgeschwollen, und sie schlief friedlich. Da die Polizeibeamten uns ohne den Hinweis auf ein Ermittlungsverfahren entlassen hatten und auch ohne die Auflage, uns zur Verfügung zu halten, hegten wir die Hoffnung, Louna wieder mit nach Hause nehmen zu können, wenn sich ihr Zustand stabilisiert hätte.

Die Ereignisse und Erfahrungen während des Polizeigewahrsams hatten deutliche Spuren bei uns hinterlassen. Sabrina hatte große Schwierigkeiten beim Einschlafen. Nur mit Lounas Strampelsack auf dem Kopfkissen gelang es ihr, sich zu entspannen. Sie legte den Kopf auf die wattierte Hülle, in der Louna sonst warm eingepackt geschlafen hatte, und presste ihr Gesicht in den Stoff, um den Geruch unserer Tochter wahrzunehmen. Sie gestand mir, dass dieses »Kuschelkissen« sie beruhigte. Endlich fand sie ein paar Stunden Schlaf, die sie bitter nötig hatte, da sie bisher rastlos in der Wohnung auf und ab gegangen war und ihre Gedanken nicht von den Ereignissen losreißen konnte. Hin und wieder fuhr sie im Schlaf von einem Albtraum geplagt hoch und brach in Tränen aus. Solange Louna nicht wieder bei uns zu Hause war, würde nichts mehr so sein wie vorher. Wir waren am Boden zerstört.

Jeden Tag gingen wir ins Krankenhaus, um unser Kind zu sehen. Wir waren auch bei ihr im Zimmer, als am 23. Februar 2012, also fünf Tage nach unserer Freilassung, eine Krankenschwester auftauchte und uns mitteilte: »Eine Kollegin vom Kliniksozialdienst erwartet Sie in ihrem Büro.«

»Wissen Sie, was sie von uns will?«

»Das müssen Sie sie selbst fragen.«

Obwohl man uns nun freigelassen hatte, begegnete uns das Pflegepersonal weiterhin mit Verachtung. Die Entscheidung des Staatsanwalts zählte für die Krankenhausmitarbeiter offenbar nicht, und sie ließen uns ihre Missbilligung deutlich spüren. Als wir der Kollegin vom Kliniksozialdienst gegenübersaßen, kam sie knallhart auf den Punkt und schleuderte uns entgegen: »Ich habe Sie um ein Gespräch gebeten, um Ihnen mitzuteilen, dass es eine Anordnung für eine zweiwöchige vorläufige Unterbringung für Ihre Tochter Louna gibt. Nach Ablauf dieser Zeitspanne wird eine neue Anordnung erfolgen.«

»Sie darf nicht mit uns nach Hause gehen?«

»Nein, sie wird vorerst in einer Pflegefamilie untergebracht.«

»Aber warum denn? Wir wurden freigesprochen ...«

»Es handelt sich um eine gerichtliche Anordnung. Der Staatsanwalt von Nancy hat sie verfügt. Mehr kann ich Ihnen auch nicht sagen!«

Sabrina wurde leichenblass und brach in Tränen aus. Diese Neuigkeit kam zu einem Zeitpunkt, als wir gerade angefangen hatten, etwas entspannter in die Zukunft zu blicken. Nach allem, was wir durchgemacht hatten, hofften wir, dass die Situation sich nun wieder normalisieren würde. Die Nachricht kam wie ein Schlag in die Magengrube, ja, sie war der Todesstoß. Unsere Bestürzung war grenzenlos. Wie sollten wir aus diesem Schlamassel wieder herauskommen? Obwohl ihre Feindseligkeit offensichtlich war, fragte ich die

Mitarbeiterin des Sozialdienstes: »Womit wird diese Entscheidung denn begründet?«

»Es ist eine Vorsichtsmaßnahme, und die Meldung, die in diesem Zusammenhang an den Staatsanwalt erfolgt ist …«

Bevor sie fortfahren konnte, fiel ich ihr ins Wort: »… und die die Leiterin der Intensivstation in Ihrem Beisein verfasst hat, nicht wahr?«

»Genau! Solange Ihre Unschuld nicht zweifelsfrei feststeht, wird man Ihnen Ihre Tochter nicht überlassen. Das Jugendamt des Département Meurthe-et-Moselle übernimmt ab sofort die Obhut für sie. Außerdem unterrichte ich Sie hiermit davon, dass es Ihnen untersagt ist, bei ihrer Entlassung aus dem Krankenhaus und ihrer Übergabe in die Pflegefamilie anwesend zu sein.«

Die Beschlüsse standen unwiderruflich fest, jeder Widerspruch war zwecklos. Wir argumentierten auch nicht länger, es hätte nichts geändert …

Louna blieb noch zwei Wochen auf der Intensivstation und verbrachte anschließend noch zwei Wochen auf der Kinderstation. Die Krankheit brach kein zweites Mal aus. Einen heiklen Augenblick gab es noch einmal, als die Ärzte feststellten, dass sie eine Verbrennung am Fuß hatte. Wieder fiel der Verdacht zunächst auf uns, aber glücklicherweise stellte sich heraus, dass die Wunde von einer zu heiß gewordenen Elektrode stammte, die ihren großen Zeh berührt und leicht verbrannt hatte. Diesmal hatten wir also Glück gehabt! Ich möchte mir nicht vorstellen, was geschehen wäre, wenn die Ärzte die Ursache dieser Verletzung nicht entdeckt hätten …

An dem Tag, als Louna das Krankenhaus verließ, habe ich mich in Absprache mit Sabrina an das Verbot gehalten und bin dem Ort der Übergabe ferngeblieben. Ich wollte es zu keinen weiteren Spannungen zwischen uns und dem Jugendamt kommen lassen, da Louna sich von jetzt an in dessen Obhut befand. Die Entscheidung war zwar vollkommen ungerechtfertigt, aber das Verhältnis war bereits so belastet, dass ich es nicht zusätzlich verschlechtern wollte. Außerdem war meine Tochter Lysa bei mir: Ich wollte sie nicht zur Zeugin eines Geschehens machen, das sie womöglich psychisch nicht verkraftet hätte. Sabrina jedoch wollte und konnte dieses Verbot nicht hinnehmen: Nichts und niemand hätte sie daran hindern können, Louna aufzusuchen. Es kam somit nicht infrage, dass sie der Anordnung der Mitarbeiterin des Kliniksozialdienstes Folge leistete. Da sie nicht wusste, wann die Pflegefamilie auftauchen würde, um Louna mitzunehmen, war Sabrina ab sieben Uhr morgens auf dem Posten. Sobald sie Geräusche auf dem Flur vernahm, begann ihr Herz schneller zu schlagen. Endlich, um die Mittagszeit, tauchte eine kleine blonde Frau am Ende des Flurs auf und kam näher. Sie hatte ein verschlossenes Gesicht und war mit einem etwa zehnjährigen Mädchen unterwegs, das offenbar ebenfalls bei ihr in Pflege war. Die Frau bog zum Stationszimmer ab, wo sich das Pflegepersonal aufhielt, und erklärte, dass sie gekommen sei, um Louna abzuholen. Sie war sehr verärgert darüber, dass Sabrina im Zimmer war, da eigentlich niemand dort sein durfte. Wir erfuhren später, dass sie diese »Auffälligkeit«, wie sie es bissig nannte, dem Jugendamt auch unverzüglich meldete. Nachdem sie sich mühsam zu einer Begrüßung durchgerungen hatte, trat sie an das Bett, um das Baby herauszunehmen. Sabrina kam ihr jedoch zuvor und schloss Louna in die Arme. Die Frau war alles andere als erfreut darüber, machte jedoch keine Anstalten, ihr das Baby wieder abzunehmen: Es ist schließlich riskant, einer Wölfin ihr Junges zu entreißen …

Nach Erledigung des erforderlichen Papierkrams in der Verwaltung trug Sabrina ihr Baby fest an sich gedrückt zu einem Renault Trafic, der auf dem Parkplatz des Krankenhauses stand. Sie hat mir später erzählt, dass sie auf diesem schweren Weg unentwegt geredet hat, um sich nicht von ihrem Schmerz übermannen zu lassen. Sie erklärte beispielsweise, wie man die Kleine richtig ernährt. Sabrina hatte Louna gestillt, was natürlich eine tiefe körperliche Verbindung zwischen ihr und dem Baby geschaffen hatte. Sie wusste am besten, in welcher Lage Louna am ruhigsten schlief, welche Liebkosungen sie besonders mochte oder welche Worte man ihr ins Ohr flüstern musste, um ein seliges Lächeln auf ihr Gesicht zu zaubern. Ausführlich hat sie Lounas Gewohnheiten aufgezählt, betonte, was für eine empfindliche Haut unser Baby hatte und dass man Lounas Windeln häufig wechseln musste, um Reizungen zu verhindern. Ihre Ratschläge waren keine Vorschriften: Sabrina sprach liebevoll und sanft über die kleinen, alltäglichen Dinge im Leben unseres Babys, aber die zukünftige Pflegemutter unseres Kindes schenkte ihr kaum Gehör. Sie setzte eine überhebliche Miene auf, die mehr als deutlich zum Ausdruck brachte, dass sie all diese Hinweise für vollkommen überflüssig hielt. Sabrina spürte genau, dass sie ihr am liebsten erwidert hätte: »Es reicht jetzt. Sparen Sie sich die Mühe, ich weiß schon, was ich zu tun habe!« Besonders schmerzlich war für uns, dass wir diese Frau überhaupt nicht kannten. Würde sie Louna eine gute, einfühlsame Pflegemutter sein? Würde sie nachts aufstehen und Louna trösten, wenn sie weinte? Jetzt kam jedenfalls kein einziges beruhigendes Wort über ihre Lippen, das eine verzweifelte Mutter, der nur noch wenige Minuten mit ihrer kleinen Tochter blieben, hätte trösten können. Man hatte den Eindruck, als wollte diese Frau auf der Post ein Paket in Empfang nehmen. Und sie sah keine Veranlassung, zu der Frau am Schalter freundlich zu sein …

Sabrina war diejenige, die Louna in den Wagen setzte. Sie streichelte ihre Wange, küsste sie und schloss dann – da die Fahrerin ungeduldig wurde und das auch unverhohlen zeigte – die Tür. Solange es ging, blickte sie dem Auto hinterher, das langsam losfuhr, dann beschleunigte und schließlich verschwand. In diesem Auto saß unser kostbarster Schatz, ein süßes, kleines, vier Monate altes Mädchen, dessen Gesundheitszustand so fragil war, dass sein Leben an einem seidenen Faden hing. Allein auf dem Parkplatz zurückgeblieben, brach Sabrina in so haltloses Weinen aus, dass sie beinahe keine Luft mehr bekam. Unkontrollierbar brach alles aus ihr heraus, und sie schrie ihren Verlust und ihren Schmerz heraus wie ein verletztes Tier.

Als Sabrina mir diese unmenschliche Szene schilderte, packten mich Wut und Entsetzen. Hinzu kam eine panische Angst bei der Vorstellung, dass unsere kleine Tochter im

Fall eines neuerlichen Krankheitsschubs womöglich keine Chance haben würde. Denn wir waren mittlerweile sicher, dass Louna an der gleichen genetischen Krankheit litt wie Sabrina. Aber was nutzte uns unsere Gewissheit, wenn die Ärzte dabei blieben, dass das nicht möglich sei! »Frühestens im Vorschulalter oder sogar erst zu Beginn der Pubertät«, das hatten sie immer wieder betont. Was für eine Dummheit! Welche Erklärung hatten sie denn dafür, dass Lounas Mutter im Alter von vier Jahren beinahe an einem Ödem im Gesicht gestorben wäre? Auf ihre Antwort brauchte man nicht zu warten, sie hatten keine. Sie hatten es abgelehnt, bei Louna eine entsprechende Untersuchung durchzuführen, und diese Weigerung konnte katastrophale Folgen haben. Wenn Louna erneut ernsthaft erkrankte und nicht das einzig wirksame Medikament gegen diese Krankheit erhielt, dann hatte sie kaum eine Chance zu überleben.

Nachdem ich mich wieder beruhigt hatte, sah ich ein – trotz meiner Angst und meiner Wut –, dass es gut war, nicht an Sabrinas Seite gewesen zu sein. Man muss schon über eine außerordentliche Charakterstärke verfügen, um hinzunehmen, dass einem das eigene Kind weggenommen wird. Wäre ich dabei gewesen, so hätte ich mich zwar eine Weile beherrschen können, aber bestimmt wäre ich im letzten Augenblick doch zu dem anfahrenden Auto gestürzt. Ohne an die Konsequenzen zu denken, hätte ich meine Tochter geschnappt und wäre mit ihr fortgelaufen. Ich bin auch deshalb weggeblieben, weil ich zu diesem Zeitpunkt noch sehr viel Respekt vor Gesetzen und Anordnungen hatte und diese nicht einfach missachten wollte. Ich übte mich in Zurückhaltung und wollte sogar einen guten Eindruck machen. Dass Sabrina und mir so übel mitgespielt wurde, obwohl wir doch unschuldig waren, liegt auch daran, dass wir so duldsam waren. Wie ich noch berichten werde, haben wir zweieinhalb Jahre gebraucht, bis wir endlich mit der Faust auf den Tisch schlugen und beschlossen, uns nichts mehr gefallen zu lassen. Bis dahin aber verhielten wir uns wie brave kleine Lämmchen – und dafür haben wir teuer bezahlt.

Es war offensichtlich, dass das Personal in der Klinik oder des Jugendamtes die Pflegemutter von Louna über die Misshandlungen informiert hatte, die man uns zur Last legte. Üblicherweise wird die Pflegefamilie zwar vorher benachrichtigt, wenn ihr ein Kind anvertraut wird, aber der Grund für die Unterbringung wird nicht genannt. Von Rechts wegen besteht die Rolle dieser Familie darin, eine richterliche Entscheidung umzusetzen; aber deshalb braucht sie noch lange nicht darüber informiert zu werden, was den Eltern zur Last gelegt wird. Die Indiskretion in der Klinik und offenbar auch an anderen Stellen hat unsere Beziehung zu dieser Frau auf ungute Weise beeinflusst. Bei all unseren Begegnungen legte sie eine unglaubliche Feindseligkeit an den Tag und stellte sich ganz offen gegen uns. Dabei hätte auch sie sich an die Regeln halten sollen, die bei einer Pflegeunterbringung gelten und die ihr vorschreiben, sich neutral zu verhalten. Davon war sie jedoch weit entfernt! Diese Frau überging uns einfach und agierte so, als gäbe es uns überhaupt nicht. Einmal hat sie uns nicht einmal Bescheid gesagt, als sie beschlossen hatte, mit ihrem Mann in den Urlaub zu fahren und Louna mitzunehmen. Dabei wäre es das Mindeste gewesen, uns darauf vorzubereiten, umso mehr, als das elterliche Sorgerecht immer noch bei uns lag. Dieses wurde im Übrigen während der ganzen Zeit nicht ein einziges Mal infrage gestellt. Es ist uns nie entzogen worden, und deshalb hätte man uns miteinbeziehen müssen, wenn es darum ging, ob Louna eine Reise machte. Aber davon waren wir weit entfernt: Diese Pflegemutter hat sich nie um die elterlichen Rechte geschert. Sie machte stets, was sie wollte.

SABRINA

17. Der Leidensweg der Trennung

Ich fühlte mich wie eine Mutter, deren Kind tot geboren worden ist. Ich betrachtete die leere Wiege, Lounas winzige Kleidungsstücke, die sich sorgfältig gefaltet in der Schublade ihrer Kommode stapelten, die bunten Spielsachen, die ich ausgesucht hatte, um ihren Sinn für Farben zu wecken, den Wickeltisch. Ihr Zimmer war aufgeräumt, nichts fehlte: Wir hatten alles genauso gelassen wie an dem Tag, als wir zum Kinderarzt und dann in die Notaufnahme gefahren waren. Ich war sehr niedergeschlagen, aber trotz meines Kummers hoffte ich, Louna bald wiederzusehen. Es vergingen jedoch sechs Wochen, ohne dass wir etwas von ihr erfuhren. Als wäre die Trennung von ihr – bevor es zu den ohnehin viel zu knapp bemessenen Besuchsterminen kam – nicht schon grausam genug, erhielten wir schon bald wieder eine Nachricht, die uns wie der Blitz traf. Lounas vorläufige Pflegeunterbringung neigte sich nach zwei Wochen ihrem Ende zu, und wir saßen wie auf heißen Kohlen. Eines Morgens klingelte der Briefträger an der Tür und überreichte uns ein Einschreiben. Ich sah sofort, dass es vom Landgericht Nancy kam. Ging es darin um die Einleitung eines Ermittlungsverfahrens gegen uns, oder ging es um Louna? Wie schrecklich ein paar Sekunden sein können, wenn man zwischen Euphorie und Verzweiflung schwebt … Mit zitternden Händen riss ich den Umschlag auf. Unsicher fiel mein Blick zunächst auf die ersten Zeilen, die den Namen des Jugendrichters und die Adresse seiner Arbeitsstätte nannten. Darunter folgte eine kurze Zusammenfassung der Fakten, mit der Meldung ans Jugendamt und der Maßnahme, die getroffen worden war. Ich übersprang den Abschnitt, um endlich zu dem aktuellen Beschluss zu kommen, der nur wenige Worte umfasste: Infolge der Informationen, die ihm zugetragen worden seien, verlängerte der Richter Lounas Pflegeunterbringung um sechs Monate! Ich zitterte so, dass der Brief mir beinahe aus den Händen fiel, aber ich riss mich zusammen und las außerdem, dass wir das Recht auf eine Stunde Besuchszeit pro Woche an einem neutralen Ort und unter Aufsicht hatten. Wir begriffen nicht sofort, was »unter Aufsicht« hieß. Es bedeutete, dass wir zu keinem Zeitpunkt allein mit unserer kleinen Tochter bleiben konnten: Es war immer eine Person zugegen, die unseren Umgang mit ihr »begleitete«, also beobachtete.

Zunächst fühlte ich mich, als hätte man mir eine heftige Ohrfeige versetzt, ich war eine ganze Weile benommen, dann empfand ich eine Mischung aus Wut, Trauer und Unverständnis: »Es ist also nicht vorbei, sondern beginnt noch einmal von vorn! Das ist ja die reinste Hexenjagd! Wann hört das denn endlich auf?« Es kam mir vor, als wären wir in eine teuflische Spirale geraten, in einen Strudel, der uns herabzog. Wir sahen keinerlei Hoffnung mehr für uns. Verzweifelt fragte ich Yoan: »Ist denn nie Schluss damit? Die wollen uns fertigmachen!« Yoan gab sich nach außen stoisch, aber ich wusste, dass er vor Wut kochte. Er ahnte schon lange, dass Louna nicht zu uns zurückkommen würde, und hatte nie daran geglaubt, dass die sogenannte ›vorläufige Unterbringung‹ nur von kurzer Dauer sein würde. Für ihn war die Sache gelaufen, aus und vorbei. Ärzte, Richter, Sozialdienste, sie alle hatten sich gegen uns verschworen und würden uns niemals in Ruhe lassen. Wir waren in das Räderwerk ihres Getriebes geraten.

Yoan hatte zu diesem Zeitpunkt bereits aufgehört, als DJ zu arbeiten, und wir lebten von unseren Ersparnissen, die langsam zur Neige gingen. Deshalb erhielten wir eine Prozesskostenhilfe, die auch die Konsultation eines Rechtsanwalts beinhaltete. Also haben wir einen dieser ominösen Herren in schwarzer Robe aufgesucht. Er las unsere Akte, bestätigte dann, dass das alles reichlich fadenscheinig klänge, und beteuerte, dass in sechs Monaten alles wieder in schönster Ordnung sein würde. Mit diesen klärenden Worten entließ er uns und schob die Akte einem seiner Angestellten zu. Was bedeuteten für diesen Anwalt schon sechs Monate? Die Zeit verging doch wie im Flug. Außerdem bewies diese kurze Zeitspanne auch, dass es sich um nichts Schwerwiegendes handelte. Sechs Monate ohne Louna – für mich bedeutete das eine Ewigkeit!

Nach eineinhalb Monaten erhielten wir endlich das Recht, Louna zu sehen. Die Begegnung sollte im medizinisch-sozialen Zentrum von Malzéville stattfinden, das ganz in der Nähe von Saint-Max liegt. Dorthin waren wir umgezogen, nachdem es infolge eines Unwetters in der Nacht vom 21. auf den 22. Mai 2012 zu verheerenden Überschwemmungen gekommen und auch unsere damalige Wohnung von einem schweren Wasserschaden betroffen war. Am Tag vor dem großen Ereignis machte Yoan sich mit seiner Mutter auf, um den Weg auszukundschaften. Wir hatten nur eine Stunde und wollten diese Zeit auf keinen Fall dadurch verkürzen, dass wir nicht pünktlich erschienen. Wir hatten zu jener Zeit kein Auto: Also beschlossen wir, den drei Kilometer langen Weg zu Fuß zurückzulegen. Während wir unterwegs waren, redeten wir darüber, dass der Besuch sicher rasend schnell vorübergehen würde. Wir würden dort ankommen, erst einmal unsere Jacken ablegen müssen, unsere Plätze einnehmen – da würde nicht mehr allzu viel Zeit bleiben … Als wir vor dem Gebäude standen, empfing uns Madame Creutzer, eine etwa fünfzigjährige, rothaarige Mitarbeiterin des Jugendamtes. Ihre Aufgabe bestand darin, unsere Besuche mit der Pflegefamilie zu koordinieren, da uns der direkte Kontakt strengstens untersagt war. Es herrschte eine frostige Stimmung, als hätte man sich darauf verständigt, sich möglichst abweisend uns gegenüber zu zeigen. Madame Creutzer erklärte uns, dass sie mit Lounas Fall betraut sei und während der gesamten Begegnung anwesend sein würde. Wir waren eine Viertelstunde zu früh eingetroffen, also gingen wir auf dem Parkplatz auf und ab und warteten auf die Ankunft der Pflegefamilie. Endlich näherte sich der mir bereits bekannte Renault Trafic, verlangsamte sein Tempo und hielt schließlich neben uns. Seltsamerweise stürzte mich dieser so lang herbeigesehnte Augenblick in tiefste Verzweiflung. Anstatt überschäumende Freude zu empfinden, stand mir bis ins kleinste Detail der Moment vor Augen, als man mir Louna weggenommen hatte. Es gelang mir nicht, den beinahe zwanghaft wiederkehrenden Gedanken abzuschütteln: Ich werde sie wieder verlieren! Es war mittlerweile März, Louna würde bald fünf Monate alt werden. Die Pflegemutter stieg mit Louna auf dem Arm aus dem Auto. Louna trug ein blaugrünes Kleidchen, dazu eine passende Strumpfhose, die meine Mutter ihr geschenkt hatte. Ich erkannte auch die Fausthandschuhe wieder und die rosa Winterjacke, die wir ihr gekauft hatten, nachdem wir die Entbindungsstation verlassen hatten. Ich war sehr glücklich, Louna zu sehen, und ich fand sie sehr hübsch, aber in ihren Gesichtszügen glaubte ich eine gewisse Traurigkeit zu erkennen. Sie war nicht fröhlich, und sie lächelte nicht, obwohl wir uns doch beide vor allem an ein strahlendes, lachendes Baby erinnerten. Mir schien es, als wäre der muntere Glanz in ihren Augen erloschen. Es drängte mich mit aller Macht, sie in die Arme zu schließen, sie an mich zu pressen und ganz nah an meinem Körper zu spüren. Aber das stand nicht zur Debatte: keine Berührung, bevor diese Frauen es erlaubten … Die Pflegemutter richtete kein Wort zu viel an mich. Sie übergab Louna an Madame Creutzer und bedachte mich lediglich mit einem flüchtigen »Guten Tag«.

Manche Orte graben sich einem so tief in die Erinnerung, dass man sie nie wieder vergisst. Als wäre es gestern gewesen, sehe ich jetzt noch diesen Raum vor mir, den wir nun betraten, um ein paar innige Augenblicke mit unserer Tochter zu erleben. Es war ein schmuckloser, düsterer Raum: Die Wände waren gelb gestrichen, der Boden bestand aus blauem Linoleum, ein kleines Bänkchen stand da, und ein paar abgewetzte Kuscheltiere lagen in einem Vitrinenschrank. Alles war hässlich und trostlos …

Endlich hielten wir Louna in den Armen und herzten und küssten sie, aber sie wirkte teilnahmslos. Es war doch nicht möglich, dass sie uns nicht mehr erkannte, so lange waren wir doch nicht getrennt gewesen! Aber Louna hatte sich schon von uns entfernt. Dieser Eindruck beschlich mich in diesem Moment, und er würde sich bei den folgenden Besuchsterminen noch verstärken. Die Pflegefamilie war zu ihrer echten Familie geworden, und wir bekamen die Bedeutung von Babysittern, die sie eine Stunde pro Woche hüten durften. Als könnte ich das Schicksal damit abwenden, flüsterte ich ihr beschwörend ins Ohr: »Mama und Papa werden dich ganz schnell wieder zurückholen, mein Schatz, bald kommst du nach Hause, zu uns.«

Da sprang Madame Creutzer von ihrem Platz auf: »Hören Sie auf der Stelle auf, ihr solche Dinge zu sagen! Das dürfen Sie nicht!«

»Warum denn nicht?«

»Keine Diskussionen, sonst ist der Besuch auf der Stelle beendet!«

Einmal ging sie kurz in ihr Büro, das gleich nebenan lag. Die Pflegemutter folgte ihr, und da die Tür weit offen stand und die beiden Frauen sich nicht darum scherten, ob man sie hören könnte, bekamen wir mit, wie abfällig sie über uns redeten. Die eine fragte: »Was meinen Sie zu dem Verhalten der beiden der Kleinen gegenüber?«

Die andere antwortete: »Sie sind vollkommen gleichgültig. Sie wissen überhaupt nicht, was sie mit ihr anfangen sollen.«

»Da sind wir wirklich einer Meinung …«

Es war schrecklich. Yoan hatte große Mühe, sich zu beherrschen, am liebsten wäre er ihnen an die Gurgel gegangen. Aber uns war klar, dass wir ihnen unsere Wut auf gar keinen Fall zeigen durften. Darauf warteten sie nur, damit sie uns das Besuchsrecht entziehen konnten. Also setzten wir alles daran, uns wieder zu beruhigen.

Madame Creutzer arbeitete mit einer Psychologin zusammen. Die beiden ergänzten sich wunderbar! Als wir die Frau baten, unser Besuchsrecht auszuweiten, die Termine etwas angenehmer zu gestalten und ihre Dauer etwas zu verlängern, fertigte sie uns mit den Worten ab: »Das würde überhaupt nichts bringen, denn Sie sitzen ohnehin bald im Gefängnis.«

»Warum sagen Sie so etwas?«

»Weil zumindest einer von Ihnen schuldig ist, wenn nicht sogar beide.«

»Es ist eine Krankheit, die Louna in diesen Zustand versetzt hat, nicht wir!«

»Wenn Sie dafür Beweise haben, dann zeigen Sie sie uns doch! Sehen Sie, Sie haben nichts in der Hand. Schauen Sie den Tatsachen ins Gesicht, Sie werden sie nicht zurückbekommen!«

Diese vollkommen unangemessenen Äußerungen aus dem Mund einer Psychologin, die eigentlich eine wohlwollende Neutralität an den Tag legen sollte, wühlten mich sehr auf. So heiß ersehnt die Besuchstermine auch waren, danach war ich stets am Boden zerstört. Ich durfte Louna nicht einmal das Fläschchen geben, da diese Frauen es immer so einrichteten, dass dies vor unserer Ankunft bereits erledigt war. Mehrmals hatten wir unserer kleinen Tochter hübsche neue Kleidungsstücke mitgebracht. Die Pflegemutter nahm dann hektisch die Tüte an sich, um sie uns zwei oder drei Wochen später mit den Worten zurückzugeben: »Das passt alles gar nicht! Es ist zu klein!« Zu Hause fiel uns dann jedes Mal auf, dass nicht ein einziges Teil anprobiert worden war. Die Etiketten hingen noch unversehrt an den Kleidungsstücken. Beim nächsten Besuch überprüften wir dann, ob Louna tatsächlich alles zu klein war. Aber die Sachen passten ganz wunderbar!

All diese Ärgernisse und Demütigungen beeinträchtigten meine Gesundheit: Die Schübe häuften sich, und es verging kaum eine Woche, in der ich nicht ins Krankenhaus musste. Manchmal ging es mir so schlecht, dass ich, obwohl ich nichts lieber wollte als Louna sehen, die Besuchstermine verpasste. Da konnte ich im Krankenhaus noch so sehr bitten und betteln … Nicht ein einziges Mal hat man meine Situation bei der Terminplanung der Besuche berücksichtigt. Ich musste schon selbst sehen, wie ich es anstellte, rechtzeitig an Ort und Stelle zu sein! Auch Yoan konnte keine Nachsicht erwarten. Unsere finanzielle Situation war mittlerweile katastrophal, und ich schäme mich nicht zuzugeben, dass wir Unterstützung vom Sozialamt erhielten. Yoan gab sich große Mühe, damit wir über die Runden kamen. Er hatte drei verschiedene Jobs, die er zeitlich unter einen Hut bringen musste, war also Tag und Nacht im Einsatz. Um durchzuhalten, griff er zu Red Bull und Gurosan, zwei frei verkäuflichen Aufputschmitteln, die in geringer Dosierung recht wirksam sind, jedoch Herzrasen und Herzrhythmusstörungen verursachen, wenn man zu viel von ihnen konsumiert. Und Yoan war nicht knausrig bei den Mengen … Sein rasender Arbeitseifer verbesserte unsere Lebensbedingungen, aber gleichzeitig war er eine Flucht. Yoan übernahm wieder Termine als Discjockey, hatte einen Teilzeitjob in einer Event-Agentur und – unglaublich, aber wahr – eine Anstellung als Betreuungsperson in einer Schule! Fünfunddreißig Stunden in der Woche spielte er Brettspiele mit Kindern im Alter zwischen zwölf und fünfzehn Jahren. War es da nicht himmelschreiend, dass gleichzeitig ein Verfahren gegen ihn eingeleitet wurde wegen Misshandlung einer Minderjährigen!? Unschuldsvermutung hin oder her, die Situation war höchst befremdlich. Er wurde gerichtlich verfolgt, weil er möglicherweise eine Gefahr für seine eigene Tochter darstellte, aber die Regionalverwaltung, die über das Verfahren genau im Bilde war, vertraute ihm in einer Schule fremde Kinder an!

Yoan hatte auf der Website der Arbeitsagentur eine Anzeige gefunden, in der Personen für »gemeinnützige Dienste« gesucht wurden. Es handelte sich dabei um eine Ausschreibung der Regionalverwaltung. Yoan brachte seine

Bewerbung samt Lebenslauf auf den Weg und wurde von dem Leiter der Abteilung Kinder und Jugendliche zu einem Vorstellungsgespräch eingeladen. Der fand, dass Yoan eine gute Ausstrahlung hatte, und hielt seine musikalischen Kenntnisse für hilfreich. Er nahm Einblick in Yoans Strafregister, sah, dass es blütenweiß war, und schon war Yoan eingestellt. Das Unglaublichste daran ist, dass dieser Beamte im selben Bürogebäude arbeitete wie das Jugendamt. Die Mitarbeiter des Jugendamtes waren von Anfang an über Yoans Einstellung im Bilde, denn wir selbst haben sie davon unterrichtet. Sie haben vermutlich eine Warnung gegenüber ihren Kollegen ausgesprochen, aber da sie in dieser Sache keine Entscheidungskompetenz hatten, konnten sie nicht verhindern, dass Yoan die Stelle bekam.

Wir haben das Jugendamt über Yoans Beschäftigung in Kenntnis gesetzt, weil sein Stundenplan (zuzüglich der beiden anderen Jobs) es ihm unmöglich machte, Louna einmal pro Woche zu dem festgesetzten Termin zu besuchen. Deshalb baten wir um einen anderen Besuchstag. Aber keine Chance! Die Ablehnung war kategorisch: »Wenn er seine Tochter sehen möchte, soll er sich einen Tag freinehmen!« Als er erwiderte, dass das nicht ginge, bekam er zu hören: »Dann hören Sie auf, dort zu arbeiten!« Das klingt reichlich paradox, zumal man uns kurz zuvor noch vorgeworfen hatte, dass wir aus Faulheit von Sozialleistungen lebten. Das Gleiche geschah, als auch ich eine Stelle ergattert hatte – als Verkäuferin in einem Geschäft für Herrenbekleidung. Ich konnte natürlich meine Arbeitszeiten nicht nach Belieben wählen. Also wagte ich den Vorschlag, den Besuch bei

Louna auf meinen freien Tag zu verlegen. Die Antwort des Jugendamts kam prompt: »Sie gehen uns langsam auf die Nerven. Entweder Sie hören auf zu arbeiten, oder Sie sehen Ihre Tochter nicht mehr. Sie haben die Wahl!« Ich hatte darum gebeten, den Besuchstermin von Mittwoch auf Montag zu verlegen. Eigentlich stellte das kein Problem dar, aber die Pflegefamilie widersetzte sich: Diese Änderung kam der Pflegemutter ungelegen, und sie hatte nicht vor, auch nur die geringste Anstrengung zu unternehmen, um einen Wechsel zu ermöglichen. Ich teilte meinem Arbeitgeber mit, dass ich mittwochs nicht mehr arbeiten könnte, und ... wurde gefeuert!

Nie werde ich den Augenblick vergessen, als wir am Ende unseres ersten Besuchs bei Louna wieder Abschied von ihr nehmen mussten. Ich war vollkommen aufgelöst, aber Mitleid wurde mir nicht zuteil. Madame Creutzer sah mich ohne jedes Mitgefühl an und ließ lediglich die Bemerkung fallen: »Oh, jetzt ist es aber gut! Nächste Woche sehen Sie sie wieder, da müssen Sie sich doch nicht so anstellen!«

Die Pflegemutter plusterte sich jetzt auch noch auf: Man hatte mich bestraft, und das war schließlich nur recht und billig! Sie riss mir Louna aus den Armen. Zum Glück war Yoan an meiner Seite und stand mir bei. Dieser so gefürchtete Augenblick hat sich dann noch viele Male wiederholt, und jede neue Trennung war schlimmer als die vorige. Ich gewöhnte mich nicht an diese Situation und wurde immer trauriger.

Im Juni 2012, vier Monate nach den Schrecknissen des

Polizeigewahrsams, klingelte der Briefträger an unserer Tür und übergab uns ein Einschreiben. Ein Ermittlungsverfahren wurde eingeleitet, und wir würden demnächst eine gerichtliche Vorladung erhalten! Bis zu diesem Zeitpunkt hatte ich Yoans Pessimismus nicht geteilt – er war die ganze Zeit schon davon überzeugt gewesen, dass es früher oder später ein Verfahren gegen uns geben würde. Das heißt nicht, dass ich mich einem naiven Optimismus hingegeben hatte, dafür waren die Äußerungen der Pflegemutter und der Psychologin zu beunruhigend. Aber ich bin ein positiv eingestellter Mensch und wollte die Hoffnung nicht aufgeben. Damit war es jetzt vorbei. Wir würden Louna niemals zurückbekommen, sondern im Gefängnis enden. Das war schon jetzt klar.

Am 26. Juni mussten wir vor der Ermittlungsrichterin erscheinen. Sie stand kurz davor, in den Mutterschutz zu gehen, und unsere Anwältin hatte uns geraten, von unserem Recht Gebrauch zu machen, nicht auf ihre Fragen zu antworten. Was hätten Erklärungen auch genutzt? Die Richterin würde ein paar Tage später durch einen Kollegen ersetzt werden. Sie ließ unsere Entscheidung, von unserem Schweigerecht Gebrauch zu machen, unkommentiert und verkündete lediglich, dass das Ermittlungsverfahren gegen uns hiermit eröffnet war.

Dem neuen Ermittlungsrichter begegneten wir allerdings erst am 19. März 2014, also fast zwei Jahre nach dieser ersten Vorladung. Zwei sehr lange Jahre … Es sah beinahe so aus, als hätte die Justiz uns vollkommen vergessen! Wir haben später erfahren, dass sich während dieses gesamten Zeitraums niemand mit unserer Akte belasten wollte und sie von Büro zu Büro wanderte. Das erzählte man sich auf den Fluren des Gerichts, wie uns unsere Anwältin berichtete. Dieser Fall hatte ein schlechtes Omen, er bedeutete eine schwere Last, und die Untersuchungsrichter schoben die Akte hin und her in der Hoffnung, sie loszuwerden. Die Situation entbehrte jeder Logik: Wir waren fürchterlicher Schandtaten angeklagt, und dennoch bestand für die Justiz offenbar keinerlei Dringlichkeit zu handeln. Die Monate gingen ins Land, und nichts geschah. Niemand fragte sich, ob ein kleines Mädchen nicht vielleicht schrecklich darunter litt, ungerechterweise von seinen Eltern getrennt zu sein. Am deprimierendsten war für uns, dass sämtliche Kinder- und Jugendrichter, die damit befasst waren, sich weigerten, uns Louna zurückzugeben, solange das Strafverfahren nicht stattgefunden hatte. Die Unterbringung in der Pflegefamilie wurde also ein ums andere Mal verlängert. Abgesehen davon, wie brutal die ganze Situation ohnehin schon war, muss man sich einmal vorstellen, welch enormen psychischen Druck all diese Wendungen zusätzlich erzeugten. Selbst wenn wir bereits unzählige Male enttäuscht worden waren, hofften wir doch jedes Mal aufs Neue auf eine Wendung zum Guten. Die Hoffnung stirbt zuletzt – wie man so schön sagt. Aber dann kam jedes Mal die kalte Dusche, ein neuer, noch grausamerer Tiefschlag, und stürzte uns in noch tiefere Verzweiflung.

Wir waren empört, von Gerechtigkeit brauchte uns keiner mehr etwas zu erzählen – wir hatten unseren Glauben an sie verloren. Nachdem wir mit mehreren Justizbeamten zu tun hatten, die uns kein Gehör schenkten, wurde unsere Akte am 12. September 2013 einer neuen Kinder- und Jugendrichterin, Madame Moitry, zugeteilt. Nachdem sie sich eingehend mit unserem Fall beschäftigt hatte, traf sie eine grundlegende Entscheidung: »Ab sofort betrachte ich den Fall nicht mehr im Hinblick auf Vergehen, das den Eltern zur Last gelegt wird, sondern habe ausschließlich das Kindeswohl im Blick!« Sie war es, die – der negativen Stellungnahme des Jugendamtes zum Trotz – verfügte, dass wir Louna nun zwei Stunden pro Woche besuchen durften und darüber hinaus das Anrecht auf zwei weitere Stunden mit Louna außerhalb der Pflegefamilie erhielten. Gewissermaßen hatten wir also »Ausgang«. Unter der Aufsicht von Familienbetreuerinnen, die auch »Hausbesuche« machten, konnten wir Louna sogar mit in unsere eigene Wohnung nehmen. Andererseits verlängerte Madame Moitry Lounas Unterbringung in der Pflegefamilie von sechs Monaten auf ein Jahr. Das war hart, aber uns war klar, in welcher Zwickmühle sie sich befand. Im Grunde blieb ihr gar nichts anderes übrig: Sie wollte die geltenden Auflagen zwar lockern, musste zugleich aber Vorsichtsmaßnahmen treffen. Es dauerte letztlich auch sechs Monate, bis es tatsächlich zu diesem Ausgangsrecht kam. Das Jugendamt zeigte nämlich keine Eile, die erforderlichen Verwaltungsschritte abzuwickeln; eine solche Vergünstigung war offenbar keine Sache, die vorrangig behandelt werden musste.

Madame Moitry war eine intelligente Frau, die auch in ihrem Beruf ihre Menschlichkeit behielt. Sie hatte sehr wohl bemerkt, dass es in unserer Akte zahlreiche offene Fragen gab. An zu vielen Punkten herrschte Unklarheit, immer wieder tauchten Unstimmigkeiten in der Darstellung auf. Sie hatte auch all unsere Schreiben an die verschiedenen Kinder- und Jugendrichter zur Kenntnis genommen. In unseren Briefen hatten wir uns über die schreckliche Atmosphäre beschwert, in der die Treffen mit Madame Creutzer stattfanden, und über die Aussprüche der Psychologin, die uns mehr als einmal versicherte, wir würden ohnehin bald im Gefängnis landen, und uns zu einem Geständnis drängte. In der Akte fand sich auch unser Einspruch gegen manche Aussagen des Jugendamtes. Die Mitarbeiter warfen uns vor, unsere Taten zu leugnen und die Verantwortung für die uns vorgeworfenen Gewalttätigkeiten nicht zu übernehmen. Als wir in die Räumlichkeiten des Jugendamtes in Jarville bei Nancy vorgeladen wurden, war Louna bereits zwei Jahre alt. Die Vertreter des Jugendamtes führten ohne jedes Feingefühl aus, dass unsere kleine Tochter nicht gut aß, dass sie sich nicht gut entwickelte und häufig von Ängsten und Albträumen geplagt wurde, die sie offenbar sehr belasteten. Wir hatten mehrere Termine dort, und jedes Mal liefen die Gespräche nach dem gleichen Muster ab: »Legen Sie doch endlich ein Geständnis ab! Wenn Sie Ihre Tochter jemals wieder bei sich haben wollen, dann prüfen Sie Ihr Gewissen und geben Sie zu, dass Sie ihr etwas Schlimmes angetan haben.«

»Das geht einfach nicht, da wir unschuldig sind.«

»Wollen Sie Ihre Tochter wieder bei sich haben, oder nicht?«

»Natürlich wollen wir sie wieder bei uns haben. Das ist unser größter Wunsch!«

»Dann legen Sie ein Geständnis ab! Sonst wird sich nichts ändern.«

Die Situation war geradezu kafkaesk: Würden wir die Misshandlungen gestehen, würde man uns Louna wegnehmen; und wenn wir sie weiterhin abstritten, ebenfalls. Insofern schien unsere Lage aussichtslos! Da wir uns jedoch keine verfänglichen Antworten entlocken oder gar ein Geständnis abringen ließen, ging das Jugendamt zu subtileren Methoden über: Man versuchte, meine Eltern zu manipulieren. Das Besuchsrecht galt nur für uns Eltern, nicht für Lounas Großeltern. Meine Mutter verfasste nun ein Bittschreiben an das Gericht, um ihre Enkelin ebenfalls sehen zu dürfen. Ihr Anliegen ging etwa zu dem Zeitpunkt ein, als Lounas Unterbringung in der Pflegefamilie um sechs Monate verlängert wurde. Das Jugendamt nahm Kontakt zum Gericht auf und schlug vor, dass meine Eltern die Betreuung übernehmen könnten – dass unsere Tochter also ihnen anvertraut würde. Der Richter sah darin kein Problem, und so wurden meine Mutter und ich von den Vertretern des Jugendamtes einbestellt. Sie äußerten nicht direkt, dass es Yoan sei, der Gewalt gegen Louna ausgeübt habe, gaben es aber immer wieder unterschwellig zu verstehen. Mir gegenüber legten sie eine gewisse Nachsicht an den Tag und wollten mir helfen. Es gab in ihren Augen eine sehr einfache Lösung, wenn ich Louna wiedersehen wollte: Da die Kleine in ein paar Wochen bei meinen Eltern sein würde, bräuchte ich lediglich zu ihnen zurückzukehren und wieder im elterlichen Haus wohnen …
So verlockend diese Aussicht war, bedeutete sie für mich eine qualvolle, unmögliche Entscheidung: Ich musste zwi-

schen Yoan und meiner kleinen Tochter wählen. Ich war so verzweifelt und unglücklich darüber, von Louna getrennt zu sein, dass ich ihnen, vor Kummer blind, ins Netz ging. Am 1. Mai 2012 zog ich zurück ins Haus meiner Eltern. Es vergingen zwei Wochen, ohne dass Louna die Pflegefamilie verlassen hätte. Zudem fehlte mir Yoan schrecklich. In unserer Beziehung spielte körperliche Nähe eine große Rolle, und es war eine Qual für mich, ohne ihn zu leben. Die Vorstellung eines glücklichen Lebens sah für mich so aus, dass wir beide mit Louna zusammen waren, und nicht ich allein mit ihr – fern von dem Mann, den ich liebe. Yoan, der die Situation wie immer sehr scharfsinnig analysierte, war überzeugt davon, dass hinter alldem ein Plan steckte. Das Département, in dem meine Eltern lebten, unterstand einem anderen Gericht. Der dort zuständige Richter würde Louna meinen Eltern niemals zusprechen. Nicht nur die Rechtslage sprach nach Yoans Meinung gegen eine solche Lösung. Aber der Wunsch, meine Tochter wiederzusehen, war so unbändig, dass ich Yoan nicht glauben wollte. Ein Wort gab das andere, und wir gerieten in Streit. Aber dieses Zerwürfnis war nicht von langer Dauer: Nach reiflicher Überlegung musste ich mir eingestehen, dass Yoan wieder einmal recht hatte. Alles war eingefädelt worden, um uns auseinanderzubringen. Das Ziel war es, unsere Trennung zu beschleunigen und – warum nicht auch das – mich dazu zu bringen, ihm abscheuliche Taten anzulasten.

Das Jugendamt hatte es tatsächlich geschafft: Meine Eltern gerieten in dieser Krisensituation aneinander. Mein Vater schärfte meiner Mutter immer wieder ein, sich nicht einzumischen, da niemand etwas davon hätte, sondern im Gegenteil dann alles nur noch schlimmer würde – und die weiteren Ereignisse gaben ihm recht. Als ich Louna wieder einmal besuchte, traf ich in der Straßenbahn zufällig auf Yoan ... und ab diesem Zeitpunkt haben wir uns nicht mehr getrennt. Am selben Abend rief das Jugendamt bei meiner Mutter an und wollte wissen, ob ich wieder bei ihnen zu Hause wohnte, was sie verneinte. Ich war wütend, denn damit schlug sie sich in meinen Augen auf die Seite der Gegner, während ich schreckliche Kämpfe auszufechten hatte. Sie hatte sich zur Komplizin des Jugendamtes machen lassen. Im Grunde wollte meine Mutter das Beste für mich, aber der Weg, den sie gewählt hatte, verschlimmerte die Situation noch zusätzlich und führte zu einem traurigen Tiefpunkt: Die Verbissenheit des Jugendamtes brachte unsere ganze Familie auseinander. Ein Jahr lang habe ich kein Wort mehr mit irgendeinem Mitglied meiner Familie gewechselt, nicht einmal mit meinem Vater, obwohl der stets sehr zurückhaltend agiert hatte. Ich schottete mich vollkommen ab, traf mich auch nicht mehr mit meinen Freundinnen, sondern zog mich auf ganzer Linie zurück. Die Außenwelt existierte kaum mehr für mich.

Ein ganzes Jahr verbrachte ich so gewissermaßen in meinem Elfenbeinturm. Irgendwann klingelte unser Festnetztelefon, und der Anrufer ließ nicht locker. Das Display zeigte die Nummer meiner Mutter an. Ich grübelte zwar, warum sie wohl eine solche Hartnäckigkeit an den Tag legte, hegte aber immer noch einen solchen Groll gegen sie, dass ich nicht ab-

nahm. Kurz darauf versuchte auch meine Schwester mehrmals, mich zu erreichen, ohne dass ich das Gespräch annahm. Schließlich brachte Jasemine, eine Freundin meiner
Schwester, mich dazu, mein Schweigen zu brechen, indem
sie mir auf Facebook eine Nachricht hinterließ. Sie teilte mir
mit, dass etwas sehr Schlimmes passiert sei und ich unbedingt mit meiner Mutter sprechen sollte. Da packte mich
eine große Sorge und ich rief sie an: »Was ist los?«

»Dein Vater hatte einen Schlaganfall. Er wurde nach
Nancy gebracht …«

Ich muss zugeben, dass ich für einen Moment den Verdacht hegte, es könnte sich um einen Vorwand handeln, um
den Kontakt zwischen uns wiederherzustellen. Daher rief
ich sofort im Universitätsklinikum von Nancy an, wo der
Name meines Vaters nicht unter den Neuaufnahmen zu finden war. Aber trotz meiner Zweifel musste ich mir eingestehen, dass es nicht zu meiner Mutter und meiner Schwester
passte, mich in dieser Weise anzulügen. Schon aus Aber-
glauben hätten sie das niemals gewagt. Ich rief noch einmal in der Klinik an, und diesmal bestätigte man mir, dass
mein Vater eingeliefert worden war. Er hatte einen schweren
Schlaganfall gehabt, war vollkommen gelähmt und lag nun
auf der neurologischen Station. Dort besuchte ich ihn und
begegnete bei dieser Gelegenheit auch meiner Mutter. Sie
war genauso niedergeschlagen wie ich. Aber letztlich hatte
dieser Schlaganfall sogar sein Gutes: Er führte dazu, dass ich
mich mit meiner Familie aussöhnte. Außerdem erholte sich
mein Vater, ohne bleibende Schäden davonzutragen. Aber
dieses schlimme Zerwürfnis in unserer Familie veranschau-

licht, dass eine juristische Fehlentscheidung nicht nur die unmittelbar Betroffenen belastet, sondern auch das ganze Umfeld in Mitleidenschaft zieht. Ein solches Unrecht bricht wie eine Welle auch über nahestehende Personen herein – mit der Gefahr, dass es aus dem Strudel kein Entkommen mehr gibt. Niemand übersteht die zerstörerische Wucht einer derartigen Woge unbeschadet.

YOAN

18. Der Hindernislauf

Nach allem, was wir ertragen mussten, geschah endlich etwas sehr Schönes in unserem Leben. Im Mai 2012 äußerte sich Sabrinas Krankheit in einer sehr heftigen Attacke von Schmerzen im Unterbauch. Sie wurde als Notfall in die Klinik gebracht. Wie gewöhnlich musste sie eine ganze Reihe von Untersuchungen über sich ergehen lassen, und über eine Blutabnahme stellten die Ärzte fest, dass sie im ersten Monat schwanger war. Als Sabrina zu mir ins Wartezimmer zurückkehrte, weinte sie. Ich kam nicht im Entferntesten auf die Idee, dass dies Freudentränen sein könnten, und fragte sie hochgradig besorgt: »Was ist denn los?«

»Ich erwarte ein Baby.«

Das kam so unerwartet, ich war so überwältigt von der Neuigkeit, dass ich losheulte wie ein kleiner Junge. Sabrina war genauso glücklich und bewegt wie ich. Ganz bestimmt waren wir füreinander geschaffen!

Allerdings hatten die Ärzte ihr gegen den erneuten Schub ihrer Krankheit bereits jenes Medikament gegeben, das seinerzeit Lounas Wachstum gehemmt hatte. Sogleich machte sich Panik unter ihnen breit. Mich packte angesichts dieses neuerlichen Fehlers die blanke Wut. Sollte unser Baby Schaden nehmen, dann sollten sie mir besser nicht unter die Augen kommen! Sie verlegten Sabrina eiligst auf die Gynäkologie, um sicherzugehen, dass die Injektionen den Fötus nicht abgetötet hatten. Wir mussten lange auf die Ultraschalluntersuchung warten, die eine junge Assistenzärztin durchführte. Der Fötus war reaktiv, die Injektionen hatten ihm offenbar nicht geschadet. Die junge Assistenzärztin wollte uns vermutlich einen Gefallen tun, als sie uns fragte, ob wir den Herzschlag hören wollten. Wir zögerten nicht eine Sekunde und erlebten einen magischen Augenblick miteinander.

Sabrinas Schwangerschaft verlief ohne jede Komplikation. Ihr Zustand erfüllte sie mit Freude, sie war überglücklich. Für die letzte Ultraschalluntersuchung hatten wir einen Termin beim besten Spezialisten der Region vereinbart. Wir waren davon ausgegangen, dass es wegen Sabrinas Krankheit und des genetischen Defekts kein Junge sein konnte. Aber als der Spezialist die Aufnahmen an seinem Bildschirm eingehend betrachtet hatte, teilte er uns mit, dass er einen Penis habe erkennen können. Wir schenkten seiner Behauptung aber keinen Glauben. Er musste sich geirrt haben … Wir hatten uns auch schon einen Vornamen für unsere zweite Tochter ausgedacht. Bei unseren Überlegungen waren wir darauf gekommen, die Vornamen Lysa und Louna miteinander zu verbinden. So waren wir auf Lylou gekommen, was uns sehr gut gefiel.

Kurz vor dem Geburtstermin infizierte sich Sabrina – vermutlich bei der letzten großen vaginalen Ultraschalluntersuchung – mit Staphylokokken. Sie wurde unverzüglich dagegen behandelt, um eine Infektion des Fötus zu verhindern.

Während Louna zu früh auf die Welt gekommen war, wurde unser zweites Baby exakt zum errechneten Termin geboren, am 2. Dezember 2012. Und es war tatsächlich ein Junge, ein richtiger Wonneproppen: 3,6 Kilogramm schwer! Meine Freude war unbeschreiblich und umso größer, als die Geburt dank der Periduralanästhesie vollkommen komplikationslos verlief. Sabrina musste nicht lange leiden, das Baby hatte es eilig. Wir beschlossen, unseren Jungen Léo zu nennen. Wir waren guten Mutes, da wir überzeugt davon waren, dass ein Junge nicht dieselbe Krankheit wie Sabrina haben konnte. In Sabrinas Familie waren schließlich nur Frauen Träger dieser Erkrankung. Und sollte es doch anders sein, so ließe sich diese Krankheit immerhin behandeln. Es gibt Familien, in denen über mehrere Generationen hinweg immer wieder eine bestimmte Krebserkrankung auftaucht, und dennoch verzichten die Paare meist nicht auf Nachwuchs. Und noch einen Faktor gibt es zu berücksichtigen: Die Medizin gewinnt ständig neue Erkenntnisse und entwickelt bessere Behandlungsmethoden. Auch die Erkrankung, an der Sabrina und Louna leiden, wird irgendwann heilbar sein. Daran muss man einfach glauben! Das ist die Haltung, die die Forschung voranbringt und die den Erkrankten hilft, ihr Leid besser zu ertragen. Ich bin felsenfest davon überzeugt, dass es so ist! Und außerdem – was gibt es Schöneres auf der Welt, als einem Kind das Leben zu schenken?

Wie schon Louna, wollte Sabrina auch Léo gern stillen. Zur besseren medizinischen Überwachung lag sie auf der Intensivstation. Ein erneuter Schub ihrer Krankheit sollte auf jeden Fall verhindert werden. Aber sie sträubte sich dagegen, Léo ins Neugeborenenzimmer abzugeben. Sie trennte sich nur nachts von ihm, und zu den Stillzeiten brachten die Schwestern Léo an ihr Bett.

Drei Tage nach der Geburt schreckte sie mitten in der Nacht voller Angst hoch. Es war noch niemand gekommen, um ihr Léo zu bringen, und der Zeitpunkt für das Stillen war schon lange vorüber. Sie klingelte mehrmals, und nach zwanzig Minuten erschien eine Krankenschwester, die ihr mitteilte: »Die Kinderärztin wird gleich kommen und mit Ihnen sprechen …« Sabrina hat mir erzählt, dass sie in diesem Augenblick eine schreckliche Angst packte, sodass sie am ganzen Körper zitterte. Die Kinderärztin war ganz offen: »Ihr Sohn ist auf der Intensivstation. Es ist ein Pneumothorax bei ihm aufgetreten. Das ist ein lebensbedrohlicher Zustand, wir mussten ihn intubieren und ins künstliche Koma versetzen.«

Sabrina war fassungslos. War nach Louna nun unser kleiner Junge an der Reihe? Diese Komplikation tritt bei Neugeborenen höchst selten auf, aber natürlich hatte es uns erwischt! Es konnte doch nicht sein, dass alles wieder von vorn losging. Welcher erbarmungslose Fluch lag auf uns?

Der medizinische Hintergrund dieses Fluchs sieht so aus: Die Geburt war zu schnell vor sich gegangen. Als das Baby seinen ersten Schrei getan hatte, waren die Lungen zu brutal geöffnet worden, wobei Luft in den eigentlich luftleeren

Spalt zwischen den Lungenflügeln eingedrungen war. Dies wurde zunächst von den Ärzten nicht bemerkt, aber die Aussackung im Brustkasten vergrößerte sich in den nächsten Tagen und schränkte die Funktion der Lungenflügel immer weiter ein, bis das Baby zunehmend unter Atemnot litt. Als auffiel, dass sich seine Lippen bläulich verfärbten, war das Problem klar. Zu diesem Zeitpunkt funktionierte bereits nur noch ein Lungenflügel. Im Nachhinein denke ich, dass bei der Periduralanästhesie womöglich eine zu große Menge des wehenverstärkenden Medikaments beigefügt wurde. Sabrina hatte nur eine einzige Presswehe, bei der zweiten erschien bereits das Köpfchen des Babys, und bevor es ganz den Mutterleib verlassen hatte, tat es schon seinen ersten Schrei.

Als ich Sabrinas Anruf erhielt und sie mir die schrecklichen Neuigkeiten mitteilte, war ich natürlich schlagartig hellwach. Wie ein Irrer sprang ich auf mein Motorrad und raste durch die Nacht zum Krankenhaus. Léo wurde künstlich beatmet, hing an allen möglichen Überwachungsgeräten und Spritzenpumpen. Es kam mir vor, als würde ich die schlimmsten Stunden an Lounas Seite noch einmal durchleben. Auch ich dachte jetzt: »Alles geht von vorne los!« Das künstliche Koma sollte Léo vorrangig die quälende Atemnot und die Schmerzen ersparen, aber ich wusste, dass mein Sohn zwischen Leben und Tod schwebte. Der Arzt erklärte mir, wie man vorgegangen war: Er hatte eine leere Spritze tief in den Brustkasten eingeführt und die dort befindliche Luft abgesaugt. Leider würde es jetzt drei bis vier Tage dauern, bis man das Ergebnis beurteilen konnte. Selbst in dieser schwierigen Situation wehrte sich Sabrina dagegen, dass Léo mit künstlicher Milch ernährt wurde. Deshalb führten die Ärzte ihm ihre Muttermilch über eine Sonde zu.

Fünf Tage später kehrte unser Baby in Sabrinas Krankenzimmer zurück. Unser Schatz war hart im Nehmen! Er hatte alles überstanden! Allerdings musste er aufgrund der Komplikationen zehn Tage auf der Neugeborenenstation bleiben. Während dieser Zeit konnte Sabrina Louna nicht besuchen. Sie litt unter schlimmsten Schuldgefühlen, und selbst die Freude, die sie verspürte, wenn sie Léo in den Armen hielt, war davon überschattet. Sie fragte sich, ob Louna später einmal auf den Gedanken kommen könnte, dass dieser kleine Junge auf die Welt gekommen sei, um sie zu ersetzen und aus den Herzen ihrer Eltern zu verdrängen. Während der gesamten Schwangerschaft hatte Sabrina Louna sanft darauf vorbereitet, dass sie bald einen kleinen Bruder bekommen würde. Sie hatte Louna zum Beispiel ihren Bauch berühren lassen, wenn das Baby sich bewegte. Gleichzeitig hatte sie Angst vor der Psychologin und Madame Creutzer – und damit hat sie recht behalten. Als Letztere von Sabrinas Schwangerschaft erfuhr, kannte ihr Spott keine Grenzen, und auch die Pflegemutter stimmte ein:

»Als wäre ein Kind in einer Pflegefamilie nicht genug! Jetzt mussten sie tatsächlich noch ein zweites machen. Es sieht wirklich nicht so aus, als hätte ihnen ihr Kind sonderlich gefehlt. Immerhin haben sie noch genug Energie aufgebracht, um einen kleinen Bruder zustande zu bringen …«

Die beiden Frauen konnten sich kaum halten vor Lachen.

Sie scherten sich nicht darum, dass wir jedes Wort hören konnten, da wir uns mit unserer Tochter, wie immer, im angrenzenden Zimmer aufhielten.

Wir kehrten mit unserem Baby nach Hause zurück. Die Monate vergingen, und ich erlebte, wie Léo anfing zu krabbeln und zu brabbeln. Auch wenn ich mich bei Lysa als Vater sehr eingebracht hatte, war ich doch nicht jeden Tag mit ihr zusammen gewesen. Es waren also ganz neue Erfahrungen für mich. Manchmal gelang es Léo nun schon, etwas zu artikulieren, das klang wie: »Ma … ma!« Was für ein Glück es bedeutete, diese Laute aus seiner kleinen Kehle zu vernehmen. Ich war gerade auf dem Heimweg, als Sabrina mich anrief, um mir zu verkünden, dass er am Nachmittag zum ersten Mal »Papa« gesagt hatte. Am selben Abend tat er es noch einmal, und ich fühlte mich wie im Paradies. In jener Zeit habe ich sehr viel gearbeitet. Wenn ich nicht arbeitete, schlief ich ein paar Stunden, um mich zu erholen, und machte mich schon wieder auf den Weg, kaum dass ich aufgestanden war. So kam es, dass ich mich immer weniger um Léo kümmern konnte. Nicht, dass ich ihn nicht liebte, ganz im Gegenteil. Aber auch wenn ich mit ihm sprach und ihn liebkoste, entfernte ich mich unmerklich von ihm. Ich wiegte ihn nicht mehr in den Armen, und vor allem spielte ich nicht mehr mit ihm – schon gar nicht machte ich natürlich ›den Flieger‹ mit ihm. Ich weiß, dass es lächerlich ist, aber diese Geschichte hatte mich wirklich traumatisiert und verfolgte mich. Meine Zurückhaltung hatte nichts mit Gleichgültigkeit meinem Sohn gegenüber zu tun, sondern ich hatte schlicht Angst. Ich fürchtete mich davor, im Umgang mit ihm etwas falsch zu machen, eine Ungeschicklichkeit zu begehen. Sabrina ihrerseits war von panischer Angst erfüllt, dass auch er uns weggenommen werden könnte. Das machte sie geradezu krank. Da mochte ich ihr noch so sehr versichern, dass sie nichts zu befürchten hätte – sie konnte diese Angst nicht abschütteln. Um sie zu beruhigen, sagte ich ihr sogar, wir würden beim geringsten Anzeichen einer drohenden Einmischung der Behörden mit Léo ins Ausland fliehen, ich würde Louna später nachholen, und wir würden am anderen Ende der Welt ein neues Leben beginnen. Sie erwiderte lediglich, dass uns Interpol schnell aufspüren würde, worauf ich beteuerte, dass wir unauffindbar bleiben würden und unbesiegbar wären – da mussten wir beide endlich einmal lachen.

Während ich pausenlos arbeitete, kümmerte sich Sabrina um den gesamten Haushalt und vor allem um die Kinder. In den Wochen, die Lysa bei uns verbrachte, machte sie sich mit ihr und Léo auf den Weg, um Louna zu besuchen. Sabrina kochte, erledigte die Wäsche, ging einkaufen und fütterte Léo. Sie war immer und überall zur Stelle, wo sie gebraucht wurde, und schlug sich bei all ihren Aufgaben wie ein tapferer kleiner Soldat. Es erfüllte mich mit Stolz, sie so eifrig und zugleich umsichtig bei ihrer Arbeit zu sehen. Aber sie war erschöpft und fühlte sich im Stich gelassen … Schließlich war ein Punkt erreicht, an dem wir über unsere Situation miteinander sprechen mussten. Sabrina hat ein hitziges Temperament und ich ebenso. Aber auch wenn Funken flogen, bestand zu keinem Zeitpunkt die Gefahr eines Flächenbrands, denn unser Zusammenleben als Paar kann nichts in Gefahr bringen. Sie hat meine Ängste verstanden, und ich konnte ihre Frustration nachvollziehen. Diese allerdings ließ sich durch unser Gespräch nicht wirklich aus der Welt schaffen. Ich träume heute von einem weiteren Baby, aber Sabrina hat diese zwei Jahre, in denen mich meine inneren Dämonen davon abgehalten haben, mich tatkräftig um Léo zu kümmern, als sehr quälend empfunden. Ich wünsche mir von ganzem Herzen, dass sie ihre Meinung noch einmal ändert und mir zugesteht, was man jedem Menschen zugestehen sollte: Man kann sich weiterentwickeln und aus früheren Fehlern lernen, um sie nicht zu wiederholen.

Auch während der Phase, als Léo unsere ganze Zeit in Anspruch nahm, haben wir unsere kleine Tochter keineswegs vernachlässigt – selbst wenn wir ab und zu die Besuchstermine nicht wahrnehmen konnten. Sie blieb unser erstes Kind, unsere »Große« – für mich natürlich nach der älteren Lysa. Was wir über Louna hörten, klang nicht gut. Sie zeigte auf allen Ebenen erhebliche Entwicklungsverzögerungen. Ihre ersten Schritte machte sie erst mit fünfzehn Monaten. Im Alter von drei Jahren aß sie immer noch Babybrei aus dem Gläschen und lehnte jede andere Nahrung ab. Sie sprach nur sehr mühsam, und niemand verstand, was sie sagte. Es war geradezu, als würde sie sich weigern, groß zu werden und sich zu entwickeln. Es ging nicht vorwärts. Immer wenn sie uns sah, warf sie sich in unsere Arme, aber ihre Geste wirkte wie ein Automatismus, ebenso wie die Tatsache, dass sie uns Papa und Mama nannte. Es glich eher einem Ritual als echter Zugewandtheit. Sie hatte sich dieses Verhalten angewöhnt, und deshalb behielt sie es bei. Es bekümmerte uns zutiefst, dass sie sich mehr und mehr von uns entfernte. Nach den Besuchen brach sie genauso selbstverständlich wieder auf, wie sie gekommen war. Der Abschied schien sie gleichgültig zu lassen. Eine Zeitlang konnten wir sie über ein Diensthandy der Familienhilfe erreichen. Anfangs riefen wir jeden Tag an, dann nur noch jeden zweiten Tag, weil sich die Pflegefamilie gestört fühlte. Die Pflegemutter beschwerte sich beim Jugendamt über unsere Anrufe, und so wurden die Abstände zwischen den Anrufen immer größer. Diese Frau war uns gegenüber immer abweisend und hinterhältig. Als wir in unserer zweiten Wohnung in Saint-Max wohnten, in der Louna uns für einen gewissen Zeitraum besuchen durfte, übergab sie uns unsere Tochter nicht draußen, sondern kam hoch und klopfte energisch an die Tür. Wir baten sie aus Höflichkeit herein, bemerkten aber sofort, dass sie alles sehr kritisch und missbilligend beäugte. Kaum war sie wieder bei sich zu Hause, schickte sie auch schon einen detaillierten Bericht an das Jugendamt über die Zustände in unserer Wohnung. Sie ließ sich über unsere Einrichtung aus und betonte, dass überall Kerzen herumstünden. Ihrer Meinung nach sei das kaum die Wohnung eines Paares, das über den Verlust seiner kleinen Tochter untröstlich ist.

Meine Schwester Pauline liebt kleine Kinder – und Louna ganz besonders. Als sie einmal beide bei uns zu Besuch waren, ging Pauline mit ihrer Nichte in den kleinen Park, der in Sichtweite unserer Wohnung liegt. Sofort brachte die Pflegemutter wieder einen Bericht auf den Weg: Sabrina

Dietsch und Yoan Bombarde sind nicht in der Lage, sich selbst um ihre Tochter zu kümmern. Kaum ist Louna bei ihnen, überlassen sie sie auch schon ihrer Tante, die sie zum Spielen in den Park schickt. Wenn wir unserer Besorgnis über Lounas Gesundheit Ausdruck verliehen, so war ihrem Vernehmen nach stets alles in Ordnung, und das Jugendamt widersprach ihr nicht. Als wir später den Gesundheitspass von Louna zurückbekamen, stellten wir fest, dass diese Aussagen grundfalsch gewesen waren! Louna hatte fast ständig Durchfall und immer wieder auch heftige Bauchschmerzen, die mit ungeklärtem Erbrechen einhergingen. Was ihr Gewicht betraf, so war sie viel zu leicht. Bis zum Alter von neun Monaten verlief die Entwicklungskurve diesbezüglich normal, dann zeigte sie eine deutliche Abweichung nach unten. Im Alter von einem Jahr wog Louna gerade einmal sieben Kilogramm! Bis zum Alter von zwei Jahren war sie nicht in der Lage, in kleine Stückchen geschnittene Nahrung zu kauen. Sobald sie die Bissen hinunterschluckte, musste sie sich übergeben. Anstatt in Betracht zu ziehen, dass ihre Eltern ihr fehlten, behauptete das Jugendamt, ihre Essprobleme seien eine Reaktion auf die traumatischen Misshandlungen.

Im September 2013 beauftragte die Richterin das zuständige sozialmedizinische Zentrum, ein Gutachten zu verfassen. Dazu wurde Louna von einem Kinderpsychiater, einer Psychologin und einer Psychomotorikerin untersucht. Eine unabhängige Sozialpädagogin wurde ebenfalls hinzugezogen. Das Ergebnis war eindeutig: Louna wies Störungen auf, die psychischen Ursprungs waren. Das war offensichtlich, und zu diesem Ergebnis hätte es eigentlich keiner eingehenden psychologischen Untersuchung bedurft. Der entscheidende Punkt war nun die Frage, was der Auslöser für diese Störungen war: die Trennung von den Eltern oder die angeblichen Misshandlungen. Für ihre Diagnose richteten die Spezialisten ihre Aufmerksamkeit aber nicht auf Louna, sondern vor allem auf die Pflegemutter und ihren Ehemann, die beide gehörig vom Leder zogen: Louna hatte vor allem Angst, auf dem Wickeltisch geriet sie in Panik, und zwar seit sie bei ihnen in Pflege war. Durch diese Darstellungen kamen die Spezialisten zu dem Schluss, dass die Störungen eine Reaktion auf traumatische Erfahrungen seien, die Louna vor der Unterbringung in der Pflegefamilie gemacht hatte. Wenn man nur eine Seite zu Wort kommen lässt, ist ein solches Ergebnis vorprogrammiert.

Sechs Monate später wurden wir davon in Kenntnis gesetzt, dass die Ermittlungen zu unserem Fall abgeschlossen seien. Am Tag zuvor hatte uns die Richterin einbestellt. Bei dieser Gelegenheit liefen wir unserem »guten Freund«, dem Staatsanwalt, über den Weg. Wir warteten auf dem Flur, als er des Weges kam und uns sah. Sofort blieb er stehen, lehnte sich an einen Mauervorsprung und fixierte uns in aller Ruhe. Ein schiefes Lächeln schlich sich auf seine Lippen, in seinem Blick lag Häme. Er dachte sich wohl: Auch wenn sie noch frei sind, ihre Verurteilung steht fest.

Die Unterredung mit der Richterin war sehr kurz: Darauf konnten wir keinen Einfluss nehmen, wir mussten uns mit einer knappen Stellungnahme begnügen. Vor diesem Termin hatte sie zwei Ärzte – Monsieur Ludes und Monsieur Goichot – gebeten, vergleichende Gutachten zu verfassen. Die Frage der Richterin war klar und einfach: Litt Louna an der gleichen schweren Krankheit wie ihre Mutter und wies sie die gleichen Symptome auf? Professor Goichot war mit diesem Krankheitsbild vertraut, denn er koordinierte die diesbezügliche Kommunikation zwischen dem Universitätsklinikum in Strasbourg, wo er beschäftigt war, und dem Universitätsklinikum in Grenoble, wo er für medizinische Fragen zu diesem Krankheitsbild zur Verfügung stand. Er besaß also ein sehr genaues Bild von den Symptomen und dem bedrohlichen Ausmaß, das sie annehmen konnten. Dennoch schloss er sich wider Erwarten der Einschätzung seiner Vorgänger an und behauptete, dass Louna an keiner schweren Krankheit litt. Einmal mehr führte die Tatsache, dass unsere Tochter bereits im Alter von drei Monaten die Symptome gezeigt hatte, zu einer fatalen Fehldiagnose. Natürlich können Ärzte nicht auf ein bestimmtes Ergebnis – die Rettung des Patienten – verpflichtet werden; sie sollten aber alle Mittel und Wege nutzen, um am Ende behaupten zu können: Ich konnte den Patienten zwar nicht retten, aber ich habe alles in meiner Macht Stehende dafür getan. In unserem Fall verfügten die Spezialisten über eine ganze Reihe von Mitteln, um die Frage der Richterin in aller Klarheit beantworten zu können. Warum haben sie sich nicht zu dem Bluttest entschlossen? Ich weiß, dass ich mich wiederhole: Eine einfache Überprüfung der Blutwerte hätte jeden Verdacht aus der Welt geräumt. Hier liegt die schwerwiegende

Unterlassung der Ärzte: Sie haben sich darauf beschränkt, Schlussfolgerungen zu ziehen, die lediglich die Einschätzungen ihrer Kollegen wiederholten.

Zu diesem Zeitpunkt wussten wir nicht, dass es erst ein Jahr später zum Prozess kommen sollte. Es wird oft über den langsamen Verlauf von gerichtlichen Verfahren geklagt – das können wir sehr gut bestätigen.

Wie ich schon erzählt habe, hatte Richterin Moitry unser Besuchsrecht um zwei zusätzliche Stunden pro Woche erweitert, die unter Aufsicht auch in unserer eigenen Wohnung stattfinden konnten. Die mit dieser Aufsicht betrauten Personen waren selbstständige Sozialarbeiterinnen, die wir herbeisehnten wie den Messias. Dabei mussten wir allerdings viel Geduld aufbringen: Erst am 24. Juni 2014 kamen zwei Damen zu uns, um uns einmal mehr dabei zu beobachten, wie wir mit Louna umgingen. Am 25. September haben sie einen Bericht verfasst, in dem sich folgende Beschreibung findet: »*Die Wohnung befindet sich in ordentlichem Zustand. Herr Bombarde übernimmt ebenfalls Aufgaben im Haushalt und kümmert sich um die Erziehung der Kinder. Beide Elternteile legen ihren Kindern gegenüber große Geduld an den Tag, verhalten sich unaufgeregt und erklären den Kleinen klar und deutlich, was sie tun und lassen sollen. Uns ist aufgefallen, dass die Pflegemutter Louna zu sehr für sich beansprucht. Der Gesundheitspass wird der Mutter nicht ausgehändigt, und Madame Dietsch erhält keine Antworten auf ihre Fragen bezüglich der Ereignisse der letzten Woche. Um siebzehn*

Uhr nehmen die Pflegemutter und ihr Ehemann die Kleine mit Bonbons in Empfang und schenken der Mutter keinerlei Beachtung. Madame Dietsch ist gezwungen, sich freundlich, aber bestimmt bemerkbar zu machen, um sich von ihrer Tochter verabschieden zu können. Wir haben bei unserem Besuch feststellen können, dass die Mutter-Kind-Beziehung sehr eng ist und bei Spaß und Spiel eine innige, sehr natürliche Kommunikation herrscht.«

Einen wohlwollenderen Bericht hätte man kaum schreiben können, aber er ging irgendwie verloren: Die Richterin hat ihn anscheinend ebenso wenig zu Gesicht bekommen wie der Staatsanwalt. Nachdem er dem Jugendamt übergeben worden war, blieb er dort wohl aus ungeklärten Gründen liegen und wurde nicht weitergeleitet. Die Verwunderung der Justizbeamten war groß, als ich ihnen bei der Verhandlung diesen Bericht selbst übergab. Sie hatten zuvor keine Kenntnis davon erhalten.

Die beiden Sozialarbeiterinnen verhielten sich sehr professionell, versuchten nicht, eine emotionale Bindung zu uns herzustellen, und waren sich auch darüber im Klaren, dass ihre Anwesenheit hin und wieder eine Belastung für uns bedeutete. Die Untersuchungsrichterin hatte inzwischen neue Gutachten angefordert. Nachdem man uns kurz angehört hatte, schlossen sich diese Spezialisten dann doch wieder der Meinung ihrer Kollegen an und kamen zu dem Schluss, dass Lounas Symptome durch Fremdeinwirkung entstanden und nicht auf einen Unfall oder eine Krankheit zurückzuführen waren. Das war für uns nichts Neues, aber jetzt packte uns die Angst: Wir mussten unbedingt handeln, sonst würden wir tatsächlich hinter Gittern landen! Wir mussten selbst den eindeutigen Beweis für unsere Unschuld erbringen, und dafür gab nur einen einzigen Weg. Wir suchten das Gespräch mit Frau Professor Gisèle Kanny, bei der Sabrina in Behandlung war. Sie wusste, dass wir inzwischen einen Sohn hatten, der nun schon achtzehn Monate alt war. Uns war bereits aufgefallen, dass Léo – anders als bisher angenommen – ebenfalls Anzeichen der Krankheit aufwies: Er hatte bereits ein Ödem am Augenlid gehabt, und immer wieder bildeten sich Flecken auf seiner Haut, die nach einiger Zeit wieder verschwanden. Frau Professor Kanny wollte nun einleiten, was sie von Anfang an für notwendig gehalten hatte: Sie ordnete sowohl für Léo als auch für Louna eine Blutuntersuchung an. Der Termin wurde für Juli 2014 vereinbart, und zwar an einem Tag, an dem Louna zu uns nach Hause kam. Wir wollten mit offenen Karten spielen und setzten die Sozialarbeiterinnen über unser Vorhaben in Kenntnis. Eine von ihnen sollte uns ins Universitätsklinikum Brabois von Nancy auf die Kinderstation begleiten – ebenjene Abteilung, die uns angezeigt hatte. Es blieb uns keine andere Wahl, da die Untersuchung nur dort durchgeführt werden durfte. Warum hat die Sozialarbeiterin nicht sofort das Jugendamt verständigt, dem gegenüber sie immerhin auskunftspflichtig war? Warum hat sie erst am Abend nach der Untersuchung dort angerufen? Das wissen wir nicht. Fest steht allerdings, dass wir die elterliche Entscheidungsbefugnis besaßen: Es bedurfte also keiner Erlaubnis vonseiten der Behörde.

Eine Kollegin von Frau Professor Kanny nahm die beiden Blutentnahmen vor. Anschließend wurden sie zur Untersuchung nach Grenoble geschickt, in das einzige Labor Frankreichs, das genetische und biologische Forschungen zu diesem Krankheitsbild anstellt. Wir mussten einen ganzen Monat warten, bis uns Frau Professor Kanny zu sich bat. Sie wusste nicht, dass ihre Kollegin uns bereits angerufen hatte. Es bestand kein Zweifel: Louna und Léo waren wie Sabrina Träger des hereditären Angioödems! Sabrina hatte das Gefühl, als würde mit dieser Enthüllung eine Bombe platzen. Ich selbst empfand die Mitteilung wie einen Schlag ins Gesicht. Wir wurden gleichzeitig mit einer sehr guten und einer sehr schlechten Neuigkeit konfrontiert: Die Anschuldigungen, die gegen uns erhoben wurden, würden sich jetzt hoffentlich in Luft auflösen, aber unsere Kinder waren beide von einer unheilbaren Krankheit betroffen. Trotz dieser Gefahr, die auch die Zukunft unserer Kinder betraf, verflog unsere Niedergeschlagenheit schnell, und die Nachricht versetzte uns in einen wahren Freudentaumel. Neue Kraft erfüllte uns. Was für eine Genugtuung! Was für eine Ohrfeige für all diejenigen, die uns blind beschuldigt hatten! Ich habe unverzüglich mit dem Jugendamt telefoniert und ihnen die Ergebnisse gefaxt, ebenso der Untersuchungsrichterin und der Jugendrichterin. Wir waren überglücklich und jubelten: »Endlich! Das könnt ihr jetzt in eure Köpfe kriegen!«

Als müsste es zwangsläufig erneut einen Haken an der Sache geben, erfuhren wir kurz darauf, dass die Kinder- und Jugendrichterin Madame Moitry versetzt worden war! Ihrem Nachfolger hatte sie jedoch eine Notiz mit der Empfehlung hinterlassen, die uns betreffenden Restriktionen auch weiterhin zu lockern. Der zuständige Richter war nun Maître Bocciarelli-Ancel. Für September 2014 wurde ein Termin mit ihm geplant, bei dem unser Besuchsrecht neu festgesetzt werden sollte. Es konnte sowohl gestrichen als auch erweitert werden. Bevor dieser Termin jedoch stattfand, kam es zu einer dramatischen Verwechslung, bei der wieder einmal wir die Leidtragenden waren.

Ein kleines Mädchen, das beinahe genauso alt ist wie Louna und angeblich einen sehr ähnlichen Vor- und Nachnamen trägt, wird von den Spezialisten des medizinisch-sozialen Zentrums untersucht. Von dieser Schaltstelle wird bestätigt, dass das Kind ein absoluter Notfall ist und dringender Handlungsbedarf besteht, da sich das Kind in einer desaströsen psychischen Verfassung befindet. Das Zentrum alarmiert auf der Stelle den Kinder- und Jugendrichter, begeht dabei aber einen groben Fehler. Infolge einer Verwechslung bekommt der Richter Lounas Akte auf den Tisch anstatt die des kleinen Mädchens. Im Glauben, der ihm vorliegende Bericht des sozialmedizinischen Zentrums beträfe Louna, untersagt uns der Richter jegliches Besuchsrecht für die nächsten zwei Monate, da ihm empfohlen wurde, dem Kind unnötige Aufregung zu ersparen und insbesondere die Eltern von ihm fernzuhalten. War dieser Irrtum des sozialmedizinischen Zentrums tatsächlich ein Versehen? Gab es die Namensähnlichkeit tatsächlich? Bei meinen Nachforschungen habe ich weder im näheren noch im weiteren räumlichen Umfeld ein Kind mit ähnlichem Namen gefunden. Wir hatten mit dieser Geschichte nichts zu tun, mussten jedoch die Konsequenzen tragen. Klar, nach der Richtigstellung schrieb uns der verantwortliche Mitarbeiter des Jugendamtes, der die Anordnung des Richters durchzusetzen hatte, einen Brief, in dem er sich förmlich entschuldigte. Für ihn und auch für den Richter handelte es sich um einen bedauernswerten Irrtum, ein Versehen, das keine weiteren Folgen hatte. Was diese Leute betraf, stimmte das natürlich auch. Zwei Monate kein Besuchsrecht bei unserer Tochter – für sie war das eine Kleinigkeit, das brauchte man nicht so ernst zu nehmen. Wir würden doch wohl aus einer Mücke keinen Elefanten machen! Schuld war schließlich nur eine fatale Namensähnlichkeit!

Als wir am 24. September 2014 das Richterzimmer betreten, stellen wir fest, dass die Vertreter des Jugendamtes bereits anwesend sind, offenbar schon seit einer ganzen Weile. Ich weiß, dass der Verein, den Patienten mit hereditärem Angioödem gegründet haben, einen Brief an den Richter geschickt hat. Darin wird darum gebeten, unseren Fall endlich voranzubringen. Da ich sicher war, dass der neue Richter nicht im Bilde ist über den bei Louna durchgeführten Bluttest, habe ich die Ergebnisse mitgebracht und lege sie ihm vor. Er wirft lediglich einen flüchtigen Blick darauf. Von einer Krankheit will er schon gar nichts hören. Aber das Schlimmste steht noch aus: Während er die Notiz seiner Vorgängerin, Madame Moitry, beiseiteschiebt, erhält ein vernichtender Bericht vom Jugendamt seine ganze Aufmerksamkeit.

Ein paar Tage nach dieser Anhörung kommt dann der Schock. Der Bericht des sozialmedizinischen Zentrums, aus dem hervorgeht, dass Lounas psychische Probleme eine Reaktion auf traumatische Erfahrungen sind, die nicht restlos aufgeklärte Verwechslungsgeschichte und die gehässige Einschätzung des Jugendamtes haben Richter Bocciarelli-Ancel restlos überzeugt. Es interessiert ihn nicht, ob Louna krank ist. Er schert sich nicht darum und streicht uns fast alle unsere Rechte: Es bleibt uns ein wöchentlicher Besuch unter Aufsicht. Wir sind am Boden zerstört – wie könnte es anders sein! Die von uns geplante und organisierte Blutentnahme kommt uns teuer zu stehen. In den Augen des Richters verdient ein solches Vorgehen eine ordentliche Schelte und Maßnahmen, die klarstellen, dass ein solcher Verstoß gegen die Obrigkeit nicht geduldet wird! Wie kann man einen Besuch des Kindes in der eigenen Wohnung zu einer solchen Untersuchung missbrauchen – dazu hatten wir kein recht! Wir hätten um Erlaubnis bitten müssen! Aber seit dem ersten Tag unseres »Falles« haben wir ständig um Erlaubnis gebeten, Verständnis, Höflichkeit und Freundlichkeit gezeigt. Und mit welchem Ergebnis?

Wenn man nichts mehr zu verlieren hat, bleibt einem nur noch die Flucht nach vorn … Von jetzt an lassen wir uns nicht mehr ohne Gegenwehr abfertigen, sondern gehen unsererseits zum Angriff über. Wir setzen alle Hebel in Bewegung, damit Louna im Falle eines Krankheitsschubs mit Berinert behandelt wird, dem einzig wirksamen, ja lebensrettenden Medikament bei ihrer Krankheit. Außerdem fahren wir nach Grenoble, um im dortigen Universitätsklinikum die Kinderärztin zu konsultieren, die auf diese Krankheit spezialisiert ist. Sie teilt uns mit, dass sie bereits von unserem Fall gehört hat, sich aber nicht einmischen wollte, bevor sie nicht dazu aufgefordert würde. Da genau das unser Anliegen ist, beschließen wir zusammen, den Stier bei den Hörnern zu packen und in aller Klarheit auf die gefährliche Situation hinzuweisen, in der unsere kleine Tochter sich befindet. Trotz dieser Gefahr, trotz zahlloser Versuche von uns und von einer Mitarbeiterin des Universitätsklinikums von Grenoble, die Madame Creutzer ebenfalls kontaktiert hat, weigert sich Madame Creutzer, Ärzte zu konsultieren. Sollen die sich bloß nicht einmischen! Die in Frankreich führende Spezialistin für diese Krankheit hätte sich um Louna kümmern können, aber es wurde ihr verwehrt. Unsere Empörung ist grenzenlos!

Da die von uns ergriffenen Maßnahmen noch immer keine zufriedenstellende Lösung bringen, beschließen wir im Dezember 2014, erneut umzuziehen und uns in Rambervillers in den Vogesen niederzulassen. Wir fürchten mittlerweile nichts mehr, und dieser Umzug hat rein taktische Gründe. Es versteht sich, dass wir dem Kinder- und Jugendrichter unsere eigentliche Absicht nicht verraten, sondern ihm lediglich mitteilen, der Umzug geschähe aus Gründen der familiären Zusammenführung. Sabrinas Eltern wohnen in dieser Gegend, und Sabrina möchte näher bei ihrer Mutter leben, die ihrerseits darunter leidet, ihren Enkel so selten zu sehen. Wir konnten es nicht länger ertragen, mit Behörden und Richtern zu tun zu haben, die sich lieber gegen uns verbünden und uns schikanieren, als uns anzuhören. Im Januar bitten wir daher den Kinder- und Jugendrichter, unseren Fall abzugeben und ihn auch dem Jugendamt des Département Meurthe-et-Moselle zu entziehen, um das Jugendamt des Département Vosges damit zu beauftragen. Aber Richter Bocciarelli lehnt dies ab! Es kommt sogar noch besser: Er erwidert uns, dass unser Umzug kein Grund ist, alles durcheinanderzuwirbeln: Wenn wir Louna sehen wollen, müssen eben ein paar Kilometer mehr zurückgelegt werden. Hin- und Rückweg ergeben zusammen ja lediglich zweihundert Kilometer – daran stirbt man doch nicht! Und Léo? Diese Frage stellt für ihn ebenfalls kein Problem dar – wir nehmen ihn einfach mit!

Aber inzwischen lassen wir uns von keinem Hindernis mehr aufhalten. Einen Monat später gehen wir zum Gegenangriff über. Am 2. März 2015 erheben wir Anklage gegen das Jugendamt wegen der Gefährdung Schutzbefohlener. Nach wie vor weigert sich das Amt hartnäckig, Lounas Betreuung auf medizinischer Ebene zu übernehmen. Die Anklage wird mangels Beweisen nicht weiterverfolgt und zu den Akten gelegt. Macht nichts! Wir erheben erneut Anklage, diesmal mit einem Schreiben an den Oberstaatsanwalt, dem wir die Beweise gleich beifügen: die Ergebnisse der Blutuntersuchung, die bei Louna gemacht wurde, sowie medizinische Aufklärungsbroschüren zum Krankheitsbild. Wir unterstreichen, dass das Jugendamt trotz der vorgelegten Dokumente jede medizinische Behandlung Lounas ablehnt. Erneut stuft der Staatsanwalt unsere Anklage als haltlos ein!

In dieser verzweifelten Lage beschließen wir, die regionale Gesundheitsbehörde zu kontaktieren. Wir erklären, dass Louna in großer Gefahr schwebt, da das Jugendamt ihr eine dringend erforderliche Behandlung verweigert, im Zuge derer sie am 20. März 2015 einen Termin bei den Spezialisten in Grenoble wahrnehmen müsste. Zum Glück setzt sich die Gesundheitsbehörde daraufhin mit dem Jugendamt in Verbindung und sorgt für Klarheit. Louna wird ihren Termin wahrnehmen können und die Behandlungen erhalten, die sie so dringend benötigt.

Wir fühlen uns wie Marathonläufer, die am Ende ihres Laufs von einer Menge angefeuert werden, damit sie weiterkämpfen und ihre letzten Kräfte mobilisieren. Nach unserem Umzug in die Vogesen haben wir einen jungen Allgemeinmediziner aufgesucht, Guillaume Gaudin, der großes Einfühlungsvermögen zeigt. Er hat schnell begriffen, dass die wiederholten Tiefschläge uns zugesetzt haben: Unsere Gemütslage ist labil, depressive Verstimmungen häufen sich. Er schickt uns zum medizinisch-psychologischen Zentrum von Rambervillers, wo sich zwei Krankenschwestern mit psychiatrischer Zusatzausbildung um uns bemühen. Wir haben zweimal pro Woche einen Termin bei ihnen, und sie sind uns eine wertvolle Unterstützung. Sie hören uns nicht nur zu, sondern stehen uns auch mit Ratschlägen zur Seite.

Diese Gespräche haben uns ein gewisses Maß an Ausgeglichenheit zurückgegeben, vor allem aber verliehen sie uns neue Energie. Wenn wir nun einen ablehnenden Bescheid erhielten, versanken wir nicht mehr in Mutlosigkeit, sondern nahmen den Kampf erneut auf. Das Wissen um die Gefahr, in der Louna schwebte, nahm uns die Scheu vor jedem Hindernis. Unsere Furcht, sie könnte eine erneute Krise nicht überleben, ließ uns das Unmögliche wagen. Wir bedauerten es keinen Augenblick, Saint-Max hinter uns gelassen zu haben. In dieser Stadt hatten wir uns am Ende geradezu gejagt gefühlt. Die Sozialarbeiterin in der Klinik lästerte über uns, und auf den Fluren machten die schlimmsten Gerüchte die Runde. Der Bürgermeister, der mich in früheren Zeiten einmal gebeten hatte, Mitglied des Gemeinderates zu werden, bestellte uns ein, um uns zu erklären, dass wir dem Gemeindefrieden schadeten: Die Gerüchteküche brodelte, es wurde verbreitet, wir seien Kinderschänder. Meine Tochter ging ganz in der Nähe unserer Wohnung zur Schule: Wenn wir sie abholten, wandten die Lehrer den Blick ab, um uns nicht grüßen zu müssen. Die Polizei hatte uns im Auge, beobachtete unsere Wege und notierte unsere Nummernschilder. Seit der Zeit des Polizeigewahrsams bekamen wir zu spüren, dass wir überwacht wurden: Seltsamerweise sahen wir in einer Wohnung, die der unseren gegenüberlag, immer wieder Licht, obwohl sie seit langer Zeit nicht mehr bewohnt war. Wir fühlten uns ausspioniert von der Abteilung Jugendschutz, und zwar ganz unmittelbar. Die Blicke der anderen waren überall spürbar und ließen uns nicht zur Ruhe kommen: Alle wussten, dass wir am Pranger standen. Es war höchste Zeit, uns eine andere Bleibe zu suchen und zu sehen, ob es uns an einem anderen Ort vielleicht besser erginge!

Da der Kinder- und Jugendrichter des Département Meurthe-et-Moselle unseren Fall nicht abgeben wollte und auf der Seite des Jugendamtes stand, haben wir seine Entscheidung angefochten und darum gekämpft, dass er und auch das Jugendamt zugunsten der Behörden in den Vogesen von unserem Fall entbunden wurden. Zu der Verhandlung erschienen wir mit Unterlagen voller wasserdichter Argumente, die wir bis ins kleinste Detail darlegen konnten. Die Vertreterin des Jugendamtes dagegen geriet vollkommen ins Schwimmen. Wir verteidigten uns nicht nur in der grundlegenden Sache, sondern auch in vielen Details, die gerade in ihrer Nebensächlichkeit so entlarvend für die Behörden waren. Manchmal ist ein schlagendes Beispiel von größerer Beweiskraft als ein langes Plädoyer … So berichteten wir, dass unsere knapp drei Jahre alte Tochter bei einem Besuch mit kurz geschnittenen Haaren auftauchte, wo sie noch eine Woche zuvor schöne lange Haare gehabt hatte. Sie seien so schwer zu kämmen gewesen, erklärte uns die Pflegemutter, die es nicht für nötig gehalten hatte, uns vorab nach unserer Meinung zu fragen. Abgesehen davon gab es die prall gefüllte Akte, in der so viele merkwürdige Wendungen und so viele Irrtümer dokumentiert waren, dass der Vorsitzende und seine Beisitzer nicht umhinkamen, diese beim Namen zu nennen. Auch die Staatsanwältin nahm kein Blatt vor den Mund: »Es ist höchste Zeit, Monsieur Bombarde und Mademoiselle Dietsch endlich in Ruhe zu lassen. Bald wird die Justiz ihre Fehler einräumen und eine angemessene Entschädigung zahlen müssen.«

Am Ende ihrer Ausführungen stand logischerweise die Aufhebung der Zuständigkeit des Jugendamtes von Meurthe-et-Moselle für unseren Fall und seine Übertragung an das Jugendamt des Département Vosges. Zwei Wochen nach der Verhandlung wurde das Urteil gesprochen, das wir so ungeduldig erwarteten. Wir hatten gewonnen! Richter Bocciarelli war nicht mehr befugt, Entscheidungen in unserem Fall zu treffen: Die Zuständigkeit lag nun bei dem Kinder- und Jugendgericht von Épinal. Auch dem Jugendamt von Meurthe-et-Moselle wurde der Fall entzogen, Louna wurde nun vom Jugendamt des Département Vosges betreut. Obwohl uns dieser Sieg überglücklich machte, wussten wir, dass uns nicht einmal einen Monat später eine weitere Prüfung bevorstand: der Prozess vor dem Strafgericht, das darüber zu befinden hatte, ob wir schuldig waren oder nicht …

SABRINA

19. Vor den Richtern

Es ist inzwischen drei Jahre und acht Monate her, dass Louna uns weggenommen wurde. Man hat mich um ihre ersten Worte und ihre ersten Schritte gebracht. Ich durfte nachts nicht aufstehen, um sie zu trösten, sie in die Arme zu nehmen und an mich zu drücken. Ich kenne ihre Vorlieben nicht und habe keine Kerzen auf ihren Geburtstagskuchen gesteckt. Nie ist Louna am Muttertag auf mich zugelaufen, um mir ein Küsschen zu geben. Zu jedem Weihnachtsfest bekomme ich ein Foto von ihr unter einem Tannenbaum. Wahrlich ein schwacher Trost, eigentlich eher ein zusätzlicher Schmerz: Meine Tochter ist nicht bei uns, und das auf dem Foto ist nicht unser Tannenbaum. Ich habe keine Geschenke für sie daruntergelegt, und ich konnte ihn nicht mit ihr gemeinsam schmücken. All das hat eine fremde Frau getan. Eine harte und unnachgiebige Frau, die keine Liebe zu schenken vermag, während mein Herz davon überquillt. Es ist ein Leidensweg, den ich gehe, und ich kann diese Unmenschlichkeit nicht mehr ertragen.

Am 22. Juni 2015 ging ich mit Yoan ins Gericht von Nancy. Mit im Gepäck hatten wir all den Groll und all den Schmerz der vergangenen Jahre. Bei Yoan hatte sich alles so aufgestaut, dass er geradezu darauf brannte, endlich alles auf den Tisch zu bringen und sich nichts gefallen zu lassen. Mir hingegen fiel es schwer, meine Angst im Zaum zu halten. Unser ganzes Leben hing von dieser Verhandlung und von der Entscheidung der Richter ab. Seit Monaten schärften wir unsere Waffen und gaben unseren Argumentationen den letzten Schliff. Wir hatten die Kinderärztin vom Universitätsklinikum in Grenoble um eine Stellungnahme gebeten: Mit der Zustimmung ihres gesamten Teams hatte sie einen für uns überaus günstigen Bericht geschrieben, und wir können ihr gar nicht genug dafür danken. Wir kannten diese Kinderärztin überhaupt nicht. Sie hätte unseren Fall ablehnen oder zu zweideutigen Schlussfolgerungen kommen können. Aber das Gegenteil war der Fall: Sie hat die Symptome, die Louna bei ihrer Notaufnahme im Universitätsklinikum von Nancy und auch während ihres weiteren Aufenthaltes dort aufwies, eindeutig als Anzeichen eines heftigen Schubs des Angioödems eingestuft, auch wenn diese Krankheit bisher in einem so frühkindlichen Stadium noch nie nachgewiesen worden war. Sie hat betont, dass der Krankheitsschub durch eine Infektion und eine bestehende Anämie ausgelöst worden ist. Diesen Bericht hatten wir bereits dem Kinder- und Jugendgericht weitergeleitet, was die Entscheidung der dortigen Richter beeinflusst haben mochte. Heute ging es nun darum, die Strafkammer zu überzeugen.

Unsere Anwältin, Maître Hélène Strohmann, brachte die detaillierten Ergebnisse aller Untersuchungen, die Louna jemals über sich hatte ergehen lassen müssen, zur Verhandlung mit: die Blutuntersuchungen, sonstige Laboruntersuchungen, die Röntgenaufnahmen, die MRT-Aufnahmen und noch viele weitere medizinische Dokumentationen. Wir hatten Kopien der Fotos dabei, die während des Krankheitsausbruchs gemacht worden waren und zeigten, wie stark Lounas Gesicht von Ödemen verformt war, und wir konnten andere Fotos vorlegen, die wir von Léo gemacht hatten, als er die gleiche Schwellung am Augenlid gehabt hatte und seine Haut so bläulich-violett verfärbt war wie bei mir selbst so oft. Wir hatten einen großen Aufwand betrieben, um den Richtern eindeutige Beweise vorzulegen. Dieses Mal glaubten wir felsenfest daran, dass man unsere Redlichkeit erkennen würde. Dennoch war uns klar, dass unser Sieg nicht von vornherein feststand. Unsere Anwältin hatte sich im Vorfeld stundenlange Wortgefechte mit ihrer Kollegin geliefert, die die Interessen des Jugendamtes vertrat. Sie wollte den festgelegten Termin zunächst nicht akzeptieren, sondern den Prozess verschieben. Heikel war, dass das Jugendamt hier als befangen gelten musste. Es hatte einerseits die Betreuung von Louna angeordnet, trat nun aber zugleich als Nebenkläger auf. Im Normalfall vertritt eine Organisation die Interessen des Kindes, bei uns war das nicht der Fall. Ein solches Vorgehen ist zwar nicht illegal, aber es sah nach einem abgekarteten Spiel aus. Am Ende willigte die Anwältin des Jugendamtes dann doch ein, den Termin wahrzunehmen. Da sie aber erst am späten Nachmittag bei Gericht erscheinen konnte, blieb uns vor Beginn unserer eigenen Verhandlung Zeit, ein paar anderen Entscheidungsfindungen beizuwohnen.

Ich war zum ersten Mal in den Hallen eines Strafgerichts. Mehrheitlich ging es um Diebstahl. Manche Angeklagte erschienen als freie Personen und sagten im Zeugenstand aus; andere kamen aus der Untersuchungshaft und traten in Handschellen in den Zeugenstand. Ich lauschte ihren mal stockenden, mal überzeugenden Aussagen. Ich sah, wie sich ihre Anwälte lautstark zu Wort meldeten und effektvoll in Szene setzten. Eine mir unbekannte Welt tat sich auf … Der Vorsitzende stand nicht in dem Ruf, nachsichtig zu sein, und bot offensichtlichen Lügen oder Unstimmigkeiten auf der Stelle in scharfem Ton Einhalt.

Nach langem Warten waren schließlich auch wir an der Reihe. Yoan und ich nahmen gemeinsam vor den Richtern Platz. Ganz besonders die Fotos zogen die Aufmerksamkeit des Gerichts auf sich, und alle wollten mehr über den Verlauf der Krankheit wissen. Die Richter hörten uns sehr genau zu, nahmen die Aufnahmen in die Hand, verglichen sie miteinander und sahen den Bericht der Kinderärztin ein. Nach Darlegung der Fakten erteilte der Vorsitzende der Anwältin des Nebenklägers das Wort, dann erhob sich der Staatsanwalt, um seinen Strafantrag zu stellen. Wir waren gespannt, welche Strafe er fordern würde. Seine Stellungnahme war von maßgeblicher Bedeutung: Er vertrat die Interessen der Gesellschaft, und das Gericht folgte konzentriert seinen Ausführungen. Seine Stimme hallte im Saal wider: »Ich muss in der Tat zugeben, dass es höchst merkwürdige Punkte gibt, die einen Zusammenhang mit dieser Krankheit nahelegen.

Man kann mir sogar vorhalten, dass die Blutentnahme doch den unwiderlegbaren Beweis erbracht hat, und …«

Ich wurde kreideweiß. Jetzt war es wieder so weit: Wie der Kinder- und Jugendrichter würde auch er beanstanden, dass die Blutabnahme nicht rechtens erfolgt war und wir Lounas Besuch bei uns zu Hause dafür nicht hätten nutzen dürfen. Ich war am Boden zerstört.

»… ich hätte mir gewünscht, dass nicht die Eltern dieses kleinen Mädchens sie in Auftrag gegeben hätten, sondern wir, die Justiz.«

Er sah uns direkt an und fügte hinzu: »Wäre das der Fall gewesen, so hätte ich in aller Klarheit sagen können, dass man Sie nicht aus Mangel an Beweisen freispricht, sondern deswegen, weil die Wahrheit ans Licht gekommen ist.«

Ich verstand nicht genau, worauf er hinauswollte. Er verlangte keine Verurteilung, sprach aber auch nicht von Unschuld. Der juristische Sprachgebrauch mit seinen Spitzfindigkeiten bleibt oft undurchschaubar für diejenigen, die nicht in diesem Milieu zu Hause sind. Anschließend hielt unsere Anwältin, Maître Strohmann, ein großartiges Plädoyer, und zum Schluss befragte uns der Vorsitzende ein letztes Mal. Jetzt konnten wir alles sagen, was uns am Herzen lag. Ich hatte gedacht, dass der Vorsitzende und seine Beisitzer nun unmittelbar das Urteil sprechen würden, aber das Gericht zog sich erst zur Beratung zurück, und wir mussten eine Stunde bis zur Urteilsverkündung warten. Ich konnte nicht mehr stillsitzen, sondern ging unruhig auf und ab. Die Zeit schien nicht vergehen zu wollen, die Zeiger der großen Wanduhr bewegten sich nur mühsam von der Stelle. Es war spät, die umliegenden Räume und Flure hatten sich bereits geleert. Niemand war zu sehen. Endlich ertönte die laute Stimme des Protokollführers. Er teilte uns mit: »Die Verhandlung wird fortgesetzt!«

Erneut standen wir vor dem Gericht, neben uns unsere Anwältin sowie die des Jugendamtes. Die Sekunden bis zur Urteilsverkündung zogen sich für mich fürchterlich in die Länge!

»Das Strafgericht hat seine Entscheidung getroffen«, sagte der Vorsitzende. »Monsieur Yoan Bombarde und Mademoiselle Sabrina Dietsch, Sie sind freigesprochen.«

Meine Beine gaben unter mir nach, mir wurde schwindlig, und ich begriff zunächst nicht, was geschehen war. Ich dachte, der Vorsitzende würde fortfahren, aber ich sah, dass er bereits seine Akten zusammenpackte und sich mit seinen Beisitzern erhob. Auf dem Gesicht unserer Anwältin lag ein breites Lächeln. Ich beugte mich zu ihr hinüber und flüsterte ihr zu: »Was bedeutet das denn nun genau?«

»Ihre Unschuld steht nun fest. Es ist alles ausgestanden!«

Ich konnte es nicht fassen. Endlich war es so weit, endlich hatten wir es geschafft!

Nach all diesen Jahren des Kämpfens würde Louna endlich wieder zu uns zurückkehren und mit uns zusammenleben! Nach einem Augenblick der sprachlosen Verblüffung übermannten mich meine Gefühle. Ich war so überwältigt, dass ich in Schluchzen ausbrach. Meine Freude war unbeschreiblich! Der Vorsitzende und die Beisitzer, die den Verhandlungssaal noch nicht ganz verlassen hatten, sahen, wie ich weinte. Es schien uns, als wären sie glücklich darüber, dieses juristische Meisterstück vollbracht und damit so manche verhängnisvolle Fehlentscheidung korrigiert zu haben. Als wir das Gebäude verließen, kamen zwei Personen auf uns zu. Sie hatten der Verhandlung beigewohnt und bis zum Schluss gewartet, um uns zu beglückwünschen. Unsere Anwältin warnte uns jetzt allerdings: »Ich hoffe, dass jetzt weiterhin alles gut geht. Aber der Oberstaatsanwalt hat mindestens zwei Wochen Zeit, um Berufung einzulegen und die Sache neu verhandeln zu lassen. Und von diesem Recht macht er beinahe systematisch Gebrauch. Freuen Sie sich also nicht zu früh …«

Auch Journalisten, die der Verhandlung beigewohnt hatten, kamen jetzt zu uns. Sie zeigten sich erstaunt, dass die Anwältin des Jugendamtes keine Verurteilung, sondern lediglich Schadensersatzzahlungen verlangt hatte. Wenn man von der Schuld einer Person überzeugt ist, so fordert man logischerweise auch eine angemessene Bestrafung. Sieht man davon ab, so wohl deshalb, weil die Beweislage sehr dürftig ist. Genau das hatten wir seit Jahren immer wieder geltend gemacht, ohne dass man uns Gehör geschenkt hätte.

Wir haben die Tage gezählt, die dem Oberstaatsanwalt für eine Berufung blieben. Einer nach dem anderen verging, aber immer noch konnten wir nicht sicher sein. Und dann, am 8. Juli 2015, konnten wir endlich aufatmen: Die Justiz verkündete offiziell unsere Unschuld! Noch am selben Tag riefen wir Christophe Gobin, einen Journalisten der Zeitung *L'Est Républicain* an, um ihn davon zu unterrichten. Wir hatten bereits zuvor Gespräche mit ihm geführt und ihm einige Monate vor unserer Gerichtsverhandlung sämtliche

Schreiben des Jugendamtes und der Justiz ausgehändigt. Wir hatten versprochen, ihn auf dem Laufenden zu halten. Und er war nicht der einzige Journalist, der sich für unseren Fall interessierte. Seit März hatten wir auch den Kontakt zu anderen Journalisten gesucht, aber die meisten von ihnen antworteten, dass wir uns zu spät mit ihnen in Verbindung gesetzt hatten: Wir hätten dies schon zu einem sehr viel früheren Zeitpunkt tun sollen. Für die Veröffentlichung eines Artikels zu unserem Fall bräuchten sie ein aktuelles Ereignis, eine glückliche oder tragische Wendung, die uns auf die Titelseite der Zeitung katapultierte. Jetzt war es endlich so weit. Am 9. Juli wurde auf der Titelseite des *L'Est Républicain* und auch in allen anderen Regionalzeitungen von unserem Fall berichtet.

Auch wenn wir vollständig rehabilitiert waren, wurde Lounas Unterbringung in der Pflegefamilie nicht sofort rückgängig gemacht. Es konnte noch ein Jahr dauern, bis die Modalitäten der Rückführung abgewickelt waren, da dies noch immer in die Zuständigkeit des Richters und des Jugendamtes des Département Meurte-et-Moselle fiel. Wir hatten die verantwortlichen Mitarbeiter dort umgehend kontaktiert, um sie von dem Urteil in Kenntnis zu setzen, das mittlerweile bestätigt war. Aber sie antworteten uns: »Sie sind zwar im Strafverfahren freigesprochen worden, aber das heißt nicht, dass Sie unschuldig sind. Für uns liegt die Entscheidungsgewalt einzig und allein bei dem zuständigen Richter. Er kann seine Entscheidung nach eigenem Gutdünken treffen!«

Als ich diese abwegige Argumentation hörte, dachte

ich: Was kann der Beweggrund für ein solches Verhalten sein außer purer, blinder Verbissenheit? Ich sah meine Hoffnung schwinden, Louna bald wieder bei mir zu haben. Yoan aber ließ sich mit dieser Auskunft nicht abspeisen und hakte nach. Er verlangte ein Telefongespräch mit dem Leiter des Jugendamtes im Département Vosges, der ihm betroffen erklärte: »Ihr Fall ist mir hochgradig unangenehm, um nicht zu sagen peinlich. Angesichts der umfangreichen Akte und ihres schwerwiegendes Inhalts habe ich seinerzeit wahrlich keinen Wert darauf gelegt, ihn zu übernehmen. Leider bin ich aber gezwungen, die juristische Entscheidung bezüglich der Unterbringung Ihrer Tochter in der Pflegefamilie umzusetzen. Ich kann die Unterbringung nicht aufheben, aber bitte glauben Sie mir, dass ich auf Ihrer Seite stehe.«

Mit dieser Aussage als Rückhalt haben wir einen Brief verfasst, in dem wir beim Kinder- und Jugendrichter von Épinal um eine Lockerung der Beschlüsse baten. Uns war klar, dass Lounas Rückkehr nach Hause nicht von heute auf morgen erfolgen konnte. Um sie nicht zu überfordern und aus dem Gleichgewicht zu bringen, mussten wir schrittweise vorgehen. Sie sollte sich allmählich und entspannt an ihr neues Leben gewöhnen. Nachdem wir die Eingangsbestätigung unseres Schreibens erhalten hatten, rief Yoan beim Gericht an, wo man ihm mitteilte: »Der Richter fährt diese Woche in die Ferien. Vor seinem Urlaub wird er sich mit Ihrem Fall nicht mehr beschäftigen können. Ende August ist er wieder hier, und ich werde Ihnen den frühestmöglichen Verhandlungstermin geben. Aber ich warne Sie schon einmal: Der Richter sieht keinen Anlass, die Beschlüsse zu lockern. Eine solche Entscheidung wird er nicht treffen.«

Da es mir überhaupt nicht gut ging, hatten wir den neuen Kinder- und Jugendrichter darum gebeten, dass Louna uns zu Hause besuchen durfte. Das schien uns ein durchaus vernünftiges und keineswegs vermessenes Anliegen zu sein. Und trotzdem wollte er es ablehnen?! Yoan versuchte, den Leiter des Jugendamtes, Monsieur L'Huillier, anzurufen, aber dieser war ebenfalls bereits in die Ferien aufgebrochen. In seiner Verzweiflung gelang es Yoan schließlich am 13. August 2015, eine der Sozialarbeiterinnen zu erreichen, die aber keinen Ärger bekommen wollte und daher nicht bereit war, sich über die bestehenden Beschlüsse hinwegzusetzen. Yoan flehte sie an: »Es ist eine katastrophale Entscheidung! Sabrina ist sehr krank. Es täte ihr gut, Louna zu sehen, und es täte auch Louna gut, ihre Mutter zu sehen.«

»Das ist alles sehr ärgerlich, aber ich muss die gerichtlich festgelegten Regeln einhalten. Es tut mir leid, aber solange Mademoiselle Dietsch krank ist, wird sie ihre Tochter nicht sehen können.«

Für diesen Tag war ein Besuch unter Aufsicht der Sozialarbeiterin angesetzt. Ich nahm all meine Kraft zusammen und beschloss, den Termin wahrzunehmen. Louna befand sich immer noch in derselben Pflegefamilie und würde von ihrer Pflegemutter zu dem Besuch ins sozialmedizinische Zentrum gebracht werden. Yoan sagte zu mir: »Wir sind jetzt wirklich an einem Punkt angelangt, an dem es kein Zurück mehr gibt. Wir machen Nägel mit Köpfen, packen Louna ins Auto und verkriechen uns mit ihr bei uns zu Hause!«

Wir planten das zuerst nicht wirklich, aber eine halbe Stunde vor dem Besuch begann sich dieser Gedanke in unseren Köpfen festzusetzen. Wir wussten, dass wir ein großes Risiko eingingen: Die Entführung Minderjähriger ist schließlich keine geringfügige Straftat. Aber jetzt hieß es wirklich »alles oder nichts« für uns, es blieb uns keine andere Wahl. Drei Jahre und acht Monate hatten diese Menschen mir Louna jetzt schon weggenommen. Sie hatten unsere Familie entzweit und Zerwürfnisse provoziert. Ich konnte es nicht länger ertragen, eine verwaiste Mutter zu sein. Wenn der Richter es ablehnte, das Besuchsrecht zu unseren Gunsten zu lockern, würde noch einmal ein Jahr ins Land gehen, bis Louna wieder ganz bei uns wäre! Dann wäre sie bereits fünf Jahre alt! Das war gleichermaßen unvorstellbar und unerträglich – ich konnte das nicht hinnehmen. Mit jeder Faser meines Herzens drängte es mich, selbst eine Veränderung herbeizuführen. Beinahe fiebrig wiederholte ich Yoan gegenüber immer wieder: »Egal, was passiert, wir müssen das jetzt einfach tun!« Unsere größte Sorge war, dass uns die Sozialarbeiterin im Besuchsraum einschließen könnte, um uns an der Flucht zu hindern. Aber es kam alles ganz anders!

Wir stellten unser Auto auf dem Parkplatz des Zentrums ab, und Yoan verzichtete vorsichtshalber darauf, die Autotüren zu verriegeln, um bei unserer geplanten Flucht keine Zeit zu verlieren. Dann betraten wir das Gebäude: Yoan hatte Léo auf dem Arm, und Lysa, die an diesem Tag bei uns war, folgte ihm. Ich konnte meine Rührung nicht unterdrücken, als ich Louna mit ihren goldenen Löckchen und ihren muntteren Äuglein erblickte. Sofort schloss ich sie in die Arme und drückte sie fest an mich. Yoan filmte diesen Augenblick mit seinem Handy, da er verhindern wollte, im Falle eines schlechten Endes für alles Mögliche angeklagt zu werden. Unser Verhältnis zum Jugendamt des Département Vosges war eigentlich sehr gut, aber uns war klar, dass wir seine Mitarbeiter in Schwierigkeiten bringen würden. Deshalb wollten wir ein unanfechtbares Beweisstück für unseren »Zugriff« haben. Plötzlich tauchte die Sozialarbeiterin auf, die unsere Bitte um ein Besuchsrecht bei uns zu Hause abgelehnt hatte, und überraschte Yoan beim Filmen. Entsetzt ließ sie ihr eigenes Handy fallen, als sie merkte, dass ich mich in Richtung Ausgang bewegte. Sofort schrie sie: »Was machen Sie denn da? Kommen Sie auf der Stelle zurück, oder ich rufe die Polizei!«

Sie versuchte, mir Louna zu entreißen, aber die klammerte sich fest an mich. Was dachte sie wohl in diesem Augenblick über diese beiden Frauen, die an ihr zerrten? Yoan mischte sich ein: »Beruhigen Sie sich doch, Madame! Wir sind freigesprochen worden, also lassen Sie uns unser Kind mit nach Hause nehmen!«

»So geht das nicht, ich warne Sie! Ich rufe die Polizei!«

»Jetzt hören Sie uns doch zu. Wir fliehen ja nicht ins Ausland. Sie wissen doch, dass wir nicht sehr weit weg wohnen!«

Ich war vor Angst völlig außer mir. Bevor die Sozialarbeiterin Yoan überhaupt antworten konnte, holte ich tief Luft, presste Louna an mich und rannte wie eine Irre zu unserem Auto. Yoan folgte mir mit Léo und Lysa im Schlepptau. Es war eine verzweifelte Flucht. Mein Herz schlug zum Zerspringen, und ich bebte am ganzen Körper. Es waren Augenblicke wie in einem Actionfilm. Ich weinte, schrie, wusste nicht mehr, was um mich herum geschah. Yoan setzte hektisch die Kinder in den Wagen, sprang hinter das Steuer und brauste los. Im Rückspiegel tauchte die Sozialarbeiterin auf, mit offenem Mund und wild gestikulierend. Auch sie war offensichtlich fassungslos. Fünf Minuten später hatten wir unsere Wohnung erreicht. Wir verkrochen uns dort, als wäre uns eine Horde von Monstern auf den Fersen. Yoan verriegelte die Türen, zog die Gardinen vor und schloss die Fensterläden. In wenigen Minuten verwandelte er die Wohnung in eine Art Festung. Nicht einmal ein Sondereinsatzkommando sollte hier eindringen können! Dann griff er eilig zum Telefon und rief Laurence Munier an, eine Journalistin, die hier in den Vogesen unseren Fall verfolgt hatte, und erzählte ihr von unserer Aktion. Ihm war klar, dass sie die Geschichte ernst nehmen und einen umwerfenden Artikel schreiben würde – und dass die anderen Regionalzeitungen ihrem Beispiel folgen würden. Und tatsächlich – am nächsten Tag erschien ihr Artikel auf der Titelseite der Zeitungen *L'Est Républicain* und *Vosges Matin*. Die Medienpräsenz unseres Falls war unser Schutzschild, und die Reaktion der Öffentlichkeit unser Panzerwagen.

Wir hatten uns in unserer Wohnung verbarrikadiert und waren davon ausgegangen, dass bald ein ganzer Trupp von Polizisten einfallen würde. Wir hatten unsere kleine Tochter zu uns geholt, es war unser Recht, und wir waren fest entschlossen, uns mit allen Mitteln Achtung zu verschaffen. Nichts konnte uns mehr schrecken, nicht einmal das Aufkreuzen von Polizeiwagen. Wir würden Widerstand leisten und nicht einen Zentimeter zurückweichen.

Niemals wieder geben wir dich her, Louna! So lautete unsere Losung. Das war unser Credo.

YOAN

20. Die Schlagkraft der Medien

Kaum war unser Auto ihren Blicken entschwunden, verständigte die Sozialarbeiterin per Telefon den Kinder- und Jugendrichter des Département Vosges. Sie berichtete ihm von der skandalösen Kindesentführung, die wir begangen hatten. Der Richter setzte den Staatsanwalt in Kenntnis: Dieser antwortete, dass er gemeinsam mit dem Jugendamt des Département Vosges einen Weg finden würde, um die Situation ohne großes Aufsehen zu klären. Sein Vorgesetzter, der Oberstaatsanwalt, sah die Sache jedoch anders. Er teilte die Nachsicht seines Untergebenen ganz und gar nicht und gab ihm das auch unverblümt zu verstehen. Aber am Abend des 13. August erhielten wir einen Anruf von Monsieur L'Huillier, dem Leiter des Jugendamtes: »Ich verstehe Ihre Situation, Monsieur Bombarde. Wir werden Ihre Tochter nicht aus Ihrer Wohnung holen. Ich hoffe allerdings, dass Sie vor Gericht unserer Entscheidung zustimmen werden, zweimal pro Woche eine Sozialarbeiterin nach dem Rechten schauen zu lassen. Kann ich dabei auf Sie zählen?«

Das bejahte ich freudig und bedankte mich überschwänglich. Am 24. August wurden wir zu der Verhandlung vorgeladen, bei der über Lounas Unterbringung entschieden werden sollte. Es war nunmehr lediglich eine Formalität, da alle Vereinbarungen bereits getroffen waren. Die Menschlichkeit von Monsieur L'Huillier bedeutete eine große Erleichterung für uns. Er wollte nicht an einem Justizirrtum beteiligt sein und tat, wie er es uns versprochen hatte, alles in seiner Macht Stehende, um uns zu unterstützen. Schon am 14. August veröffentlichte er deshalb eine Presseerklärung, in der er die Eckdaten unserer Abmachungen kundtat. Der Oberstaatsanwalt muss sich die Haare gerauft haben! Wir hatten schließlich unsere kleine Tochter entführt, das konnte der Leiter des Jugendamtes doch wohl nicht einfach unter den Teppich kehren …

Doch der Reihe nach. Es wird Nacht, und vonseiten der Behörden tut sich nichts. Misstrauisch bleiben wir auf der Hut, für den Fall, dass die Polizei doch noch bei uns eindringen will. Am nächsten Morgen stellt die Presse ihre ganze Schlagkraft unter Beweis. *Le Figaro*, *Le Parisien*, *Vosges Matin* und *L'Est Républicain* haben unser verrücktes Abenteuer auf ihren Titelseiten platziert. Die Gemüter erhitzen sich, und noch am selben Tag habe ich einen Telefontermin mit Monsieur L'Huillier, dem verantwortlichen Leiter der Jugendämter im Département Vosges. Anstatt mir unser skandalöses Vorgehen vorzuwerfen, versichert er mir, dass der Staatsanwalt uns wohlgesinnt ist. Dieser hat ihm zuvor angekündigt, er würde eine einvernehmliche Lösung mit den sozialen Einrichtungen anstreben. Es ist eine haarsträubende Situation. Ich stelle mir den Oberstaatsanwalt vor, wie er seinen Ärger hinunterschluckt, als er die Schlagzeilen in den Zeitungen liest und sich ausmalt, was für einen unschönen Wirbel dieser Fall wohl noch auslösen wird. Womöglich könnte es sogar zu öffentlichen Sympathiebekundungen für uns kommen?! Ein solches Aufsehen wäre hochgradig peinlich: Welches Licht würde auf Polizei, Mediziner, Sozialdienste und auch auf die Justiz – vor allem auf die Justiz – fallen? Ihrem Ruf würde das nicht förderlich sein, das Ganze wäre sehr ärgerlich. Dem Oberstaatsanwalt von Épinal bleibt im Grunde keine Wahl: Er beschließt, uns nicht wegen Kindesentführung zu belangen. Aber da er seine Autorität und Entschlossenheit unter Beweis stellen muss, setzt er Auflagen fest, die er dem Kinder- und Jugendrichter zukommen lässt. Er verlangt, dass diese strengstens befolgt werden. Der Oberstaatsanwalt gewährt Lounas Unterbringung zu Hause, also bei uns, stellt diese jedoch unter engmaschige Beobachtung. Eine Mitarbeiterin des Jugendamtes wird alle zwei Tage bei uns vorbeischauen, um zu überprüfen, ob es dem kleinen Mädchen gut geht. Diese Auflage kann uns nicht verdrießen: Nach allem, was wir durchgemacht haben, ist das eine Kleinigkeit. Wir machen zwar keine Freudensprünge, aber unsere Stimmungslage geht doch sehr in diese Richtung!

Nicht nur wir haben die Zeitungen gelesen. Ein Polizeibeamter von der Wache in Saint-Dié, der Nachbarstadt, hat den Artikel auf der Titelseite von *Vosges Matin* gelesen und kann es nicht fassen: »Sie entführen ihr eigenes Kind!« Seine Mannschaft macht sich klar zum Gefecht, ein Hauptmann wird zu uns geschickt, um Erklärungen einzuholen. Nach ein paar Minuten gesteht er uns im Vertrauen: »Ich dürfte es Ihnen eigentlich nicht sagen, aber der Staatsanwalt wird nicht gegen Sie vorgehen, und ich bin ganz seiner Meinung.«

Das zeigt, dass es überall vernünftige und mitfühlende Menschen gibt, es geht nur darum, dass man das Glück hat, ihnen zur rechten Zeit zu begegnen.

Hätten wir unseren Fall in seinen drastischen Ausmaßen nicht den Medien zugänglich gemacht, hätten Fernsehen und Radio nicht die Presseberichte aufgegriffen, so bin ich überzeugt, dass ein Sondereinsatzkommando gewaltsam bei uns eingedrungen wäre und wir vielleicht immer noch hinter Schloss und Riegel säßen. Deshalb kann ich all den Journalisten, die Partei für uns ergriffen haben, und allen bekannten und unbekannten Personen, die sich für uns eingesetzt haben, gar nicht genug danken.

YOAN UND SABRINA

Ganz klar: Aller guten Dinge sind drei!

Am Ende dieses Buches mögen manche Leser vermutlich denken: »Wäre ich an ihrer Stelle gewesen, so wäre die Sache mit den Ärzten ganz anders gelaufen … Ich hätte mich von Anfang an zur Wehr gesetzt und keine Skrupel gehabt, sofort an die Öffentlichkeit zu gehen.« Solche Überlegungen stellt man an, wenn die Probleme weit weg sind, wenn man emotional unbeteiligt im eigenen Wohnzimmer sitzt. Wenn man jedoch vor Angst beinahe umkommt und keinen vernünftigen Gedanken mehr fassen kann, dann geht die Klarsicht verloren. Die Angst beeinträchtigt den Verstand und lähmt das Gehirn. Man weiß nicht mehr, wer recht und wer unrecht hat. Man kommt an einen Punkt, an dem man nicht mehr sicher ist, ob man sich nicht vielleicht doch täuscht … Man ist verloren! Alle Eltern, die schon einmal wie wir mit einem lebensbedrohlich erkrankten Kind in der Notaufnahme waren, werden es bestätigen: Man gerät in eine solche Panik, dass man nicht mehr klar denken kann. Es zählt nur noch der eine Gedanke: Unser Kind muss gerettet werden! In einem solchen Zusammenhang denkt man nicht daran, die Vorgehensweise der Ärzte zu hinterfragen oder gar anzuzweifeln. Außerdem möchte man auf keinen Fall das Risiko eingehen, womöglich jene Leute zu verstimmen, die das Leben eines geliebten Menschen in ihren Händen halten. Man möchte die Ärzte nicht direkt angreifen und befürchtet, sie gegen sich aufzubringen, sodass sie anschließend nicht mehr alle Möglichkeiten ausschöpfen und sich nicht mehr mit aller Kraft für das Wohl des Kindes einsetzen.

Die Ärzte, die Louna behandelt haben, hatten alle Macht auf ihrer Seite. Wir fühlten uns ihnen ausgeliefert. Sollten wir es da wagen, ihren Zorn zu erregen, indem wir sie mit noch mehr Nachdruck auf die Behandlung hinwiesen, die in unseren Augen erforderlich war? Wer waren wir denn, dass wir ihnen Ratschläge geben oder gar Vorschriften machen wollten? Zudem waren wir sehr jung. Mit achtzehn und einundzwanzig Jahren stellt man die Entscheidungen eines gestandenen weißhaarigen Professors nicht leichthin infrage. Wenn er mit aller Entschiedenheit erklärt, dass diese Krankheit bei einem Baby nicht ausbrechen kann, welche schlagenden Argumente soll man ihm dann entgegenhalten, um ihn vom Gegenteil zu überzeugen oder zumindest zum Zweifeln zu bringen? Wir besaßen keine genauen Kenntnisse dieser Krankheit, und schließlich ist es eine seltene Krankheit. So selten, dass selbst ausgewiesene Spezialisten das Krankheitsbild bis heute nicht vollständig erfasst haben. Und die anfänglichen Ereignisse liegen jetzt schon sieben Jahre zurück …

Es blieb aber ein weiteres Unbehagen: Das medizinische Personal hatte uns nicht so behandelt, wie man normalerweise Eltern behandelt, deren Baby in Lebensgefahr schwebt:

indem man sie im Rahmen des Möglichen beschwichtigt und beruhigt. Wir haben uns auch daran erinnert, was ein Allgemeinmediziner bei einem unserer Besuche einmal sagte. Es war kein hoher Gelehrter, nur ein Mann mit gesundem Menschenverstand. Er ging nicht davon aus, dass er die Weisheit gepachtet hatte, und vertrat die Ansicht, dass jede Beobachtung von Nutzen sein konnte. Dieser praktische Arzt hatte sich ein offenes Denken bewahrt, aber viele Mediziner gehen sehr schematisch und engstirnig vor und fühlen sich sehr schnell angegriffen, wenn man Einwände vorbringt und eine eigene Meinung hat. Dieser Arzt erklärte: »Monsieur Bombarde, manchmal ist es besser, wenn Sie sich von meinen Kollegen als Idiot abstempeln lassen … Selbst wenn es nicht mit Absicht geschieht, kann es irgendwann so weit kommen, dass einer dieser Kollegen einem Ihrer Kinder oder Ihrer Frau zum Verhängnis wird, nur weil er beweisen will, dass nicht Sie recht haben, sondern er.«

Es stimmt: Die Ärzte zweifeln selten an der Richtigkeit ihrer Diagnose. Man erscheint mit einem dick geschwollenen Knöchel, der aufgrund eines Ödems verformt ist, im Krankenhaus und erklärt, dass es sich um das Symptom einer seltenen Krankheit handelt: Gefäße und Schleimhäute sind nicht impermeabel, deshalb kann sich Flüssigkeit im Gewebe verteilen und aufstauen. Der Arzt weigert sich, auf diese Information einzugehen oder sie gar zu berücksichtigen. Für ihn handelt es sich um einen gebrochenen Knöchel! Er ordnet eine sofortige Röntgenaufnahme an, die das seiner Meinung nach sofort bestätigen wird. Da nützt es nichts, wenn man wiederholt, dass nichts gebrochen ist, sondern dass Flüssigkeit das Gewebe anschwellen lässt. Der Arzt besteht darauf: »Nein, das ist nicht möglich. Es handelt sich ganz sicher um einen Bruch!«

So kann es einem auch ergehen, wenn man als Kind wegen fürchterlicher Bauchschmerzen ins Krankenhaus kommt: Man wird am Blinddarm operiert. Im Nachhinein betrachtet, ist es mehr als naheliegend, dass es sich um einen Krankheitsschub gehandelt hat, der den Unterbauch betraf. Da man jedoch die Ursache der Schmerzen nicht erkannt hat, war eine vierstündige Operation die Folge. Wie verdutzt muss der Chirurg gewesen sein, als er endlich den Blinddarm in diesem geschwollenen Unterbauch gefunden und entdeckt hat, dass er vollkommen normal aussah! Vermutlich hat er ihn herausgenommen, um nicht ganz umsonst operiert zu haben, oder aber er hat den Bauch wieder zugenäht, ohne die großen Flüssigkeitsmengen zu erwähnen, die er dort vorgefunden hat … Wie man sich bereits denken kann, stammen diese Beispiele aus dem wirklichen Leben. Sie zeigen, dass Ärzte seltene Krankheiten nicht im Blick haben und sie bei ihrer Diagnose nicht berücksichtigen. Wenn sie die Krankheit nicht kennen, erzählen sie einem die tollsten Geschichten. Man versucht, sich zu wehren und den tatsächlichen Sachverhalt darzulegen, aber was zählt schon die Meinung eines ungebildeten Laien? In den Augen vieler Mediziner ist man nur ein kleines Licht ohne Rang und Namen: Man hat im Kreis der Großen mit ihren Universitätsabschlüssen und Titeln nichts zu suchen. Da kann man so viel erzählen, wie man will …

Und falls die vorgebrachten Argumente doch einmal

Gehör finden sollten, so zählt für die Richter und das Jugendamt ausschließlich das Wort der Fachleute. Sowenig die Gutachten der Psychiater vor dem Schwurgericht Berücksichtigung finden, wenn sie dem Angeklagten von Nutzen sein könnten, so viel Geltung haben jene Gutachten, die im Sinne der Fürsorge und zugunsten des sogenannten Kindeswohls vorgelegt werden. Sie dienen als Eckpfeiler, auf die Polizei und Justiz voller Überzeugung ihr Vorgehen gründen, und bilden später auch die Grundlage für die Einleitung von Strafverfolgungen. Die Einschätzung eines Mediziners kann – auch wenn sie sich als falsch erweist – einen Schneeballeffekt auslösen. Behauptet ein Professor der Medizin, dass ein Baby Opfer von Misshandlungen geworden ist, so gibt er dem Psychiater bereits eine Richtung vor. Der Psychiater wird eher versuchen, die Meinung des Mediziners zu bestätigen, als sie infrage zu stellen. Von diesem Zeitpunkt an setzt sich die Maschinerie der Justiz in Gang. Gestützt auf vermeintlich unanfechtbare Gutachten, versucht die Polizei um jeden Preis, Geständnisse zu erzwingen. Die Unschuldsvermutung gilt nicht mehr, die Erhärtung des Tatverdachts steht im Vordergrund. Wie man in unserem Fall gesehen hat, stützen sich die Ermittlungen des Untersuchungsrichters viel stärker auf die belastenden als auf die entlastenden Indizien. Jetzt tritt ein Justizbeamter nach dem anderen auf den Plan. Die vom Kinder- und Jugendrichter gesprochenen Urteile zementieren die Einschätzung des Staatsanwalts, der nun seinerseits Zwangsmaßnahmen verhängt. Wie könnte sich da das Jugendamt von der richterlichen Autorität lossagen, wo doch sein vorrangiger Auftrag darin besteht, den Entscheidungen der Justiz Folge zu leisten?

Die Zusammenfassung könnte so lauten: Ein Professor der Medizin kommt zu dem Schluss, dass ein von ihm behandeltes kleines Mädchen Opfer vorsätzlicher Misshandlungen geworden ist. Die Psychiater untersuchen dieses Kind, stellen fest, dass es psychische Störungen aufweist, und schreiben diese einer Schockreaktion auf die erlittenen Misshandlungen zu. Die Abteilung Jugendschutz wird über diese Einschätzungen informiert und gibt ihr Bestes, um die Verdächtigen zu einem Geständnis zu bringen. Die Richter haben damit schon drei kompetente Stellen, die für einen Schuldspruch plädieren: Da ist es mehr oder weniger zwangsläufig, dass sie darauf eingehen. Und wir waren nur die Marionetten in diesem teuflischen Mechanismus. Eine mächtige Welle erfasste uns, warf uns an den Rand des Abgrunds und machte uns mehr als fünf Jahre lang das Leben schwer. Auch wenn wir Louna am Ende tatsächlich zurückbekommen haben, haben sich die Probleme nicht wie von Zauberhand aufgelöst. Noch ein weiteres Jahr mussten wir wiederholte Einmischungen über uns ergehen lassen. Obwohl jede Woche eine Sozialarbeiterin überprüfte, ob es Louna gut ging, hielt der Kinder- und Jugendrichter diese Maßnahme für unzulänglich. Er folgte den Anträgen der Staatsanwaltschaft von Épinal und verfügte die Hinzuziehung der Jugendgerichtshilfe. So erhielten wir regelmäßig Besuch von einer Erzieherin, deren Auftrag darin bestand, unseren Umgang mit Louna zu begutachten. Wir baten das Jugendgericht, diese Überwachungsmaßnahmen einzustellen. Da Monsieur L'Huillier, der Leiter des Jugendamtes, keine Einwände hatte, blieb uns dann wenigstens die Sozialarbeiterin erspart. Aber es dauerte bis zum 16. Juli 2016, bis die letzten Maßnahmen ausliefen: Erst dann konnten wir ein normales Leben mit unserer kleinen Louna führen.

Mit ein wenig Abstand betrachtet, beschleicht uns hin und wieder der Gedanke, dass so manche der Beteiligten es nicht gerne gesehen haben, dass wir letztlich alles unbeschadet überstanden haben. War es ihnen vielleicht ein Dorn im Auge, dass wir tatsächlich nachweisen konnten, wie Fehler auf allen Ebenen sich zu einer Katastrophe hochgeschaukelt haben? Dass ein medizinischer Irrtum unzutreffende Gutachten nach sich gezogen hat, die ihrerseits Justizirrtümer auslösten, was am Ende zu einer ganzen Flut von Fehlentscheidungen in den Jugend- und Sozialeinrichtungen führte? Unser gesamter Fall bestand aus einer einzigen Abfolge fataler Irrtümer. Wir haben jedoch keinen Zweifel daran, dass die Ärzte und Psychiater allesamt unbeschadet aus der Sache hervorgegangen sind. Gerade Letztere sind wirklich beispiellos: Sie haben die Katastrophe mit ins Rollen gebracht, aber nie erklärt, wie sie sich so täuschen konnten: Wir hoffen, dass sie sich irgendwann dafür rechtfertigen müssen.

Beinahe wären wir an dieser unmenschlichen Hetzjagd zugrunde gegangen. Wir mussten wirklich beinahe zu unlauteren Mitteln greifen, um unsere Unschuld zu beweisen, die eigentlich – im Normalfall – durch die Ermittlungen hätte ans Licht kommen sollen. Aber was war schon »normal« an dieser ganzen Geschichte? Nach Lounas Rückkehr hat uns der Kinder- und Jugendrichter von Épinal – immer noch derselbe – vorgeworfen, dass wir unseren Fall zu Lasten unserer Tochter in den Medien ausgebreitet hätten, wo Louna doch vor allem Ruhe bräuchte. Doch wenn wir uns nicht an den Rand der Illegalität begeben hätten, als wir unsere Tochter dem Bluttest unterzogen, und wenn die Presse nicht ihre Macht ausgespielt hätte, als sie die Akten genau unter die Lupe nahm und sämtliche Unstimmigkeiten öffentlich machte, und wenn nicht ein paar einsichtige Beamte das Risiko eingegangen wären, sich von ihren stumpfsinnigen Kollegen loszusagen – wo wären wir dann heute? Hinter Schloss und Riegel!

Wir fragen uns immer noch, woher wir die Kraft genommen haben, gegen die Verbissenheit der Polizeibeamten, die harschen Sprüche der wechselnden Richter und die Voreingenommenheit der sozialen Einrichtungen Widerstand zu leisten. Wenn man aus unseren Auseinandersetzungen mit der Polizei etwas gewinnen kann, dann ist es die Erkenntnis, dass ihre Befragungen in eine wahre Gehirnwäsche münden können. Man wird auseinandergenommen, bis einem der klare Verstand schwindet, den man zu seiner Verteidigung so bitter nötig hat. Man gerät in einen Zustand, in dem man alles sagen würde, nur um diese moralische Folter zu beenden, und in dem man ein Geständnis unterzeichnet, um einfach nur der Quälerei zu entrinnen. Zum Glück war unser Wunsch, Louna zurückzubekommen, so stark, dass er uns die Kraft gab, das alles auszuhalten. Aber zu einem hohen Preis …

Mittlerweile sind es eineinhalb Jahre, dass unsere kleine Tochter wieder in ihrem wahren Zuhause lebt – in dem, das sie niemals hätte verlassen dürfen. Anfangs mussten wir uns alle erst einmal zurechtfinden. Was wussten wir denn schon von diesem kleinen, beinahe vierjährigen Mädchen, das nun mit einem Mal wieder Teil unserer Familie war? Wir kannten weder ihre Vorlieben noch ihre Gewohnheiten, und schon gar nicht ihre Ängste. Wir hatten uns vorgenommen, Louna Zeit bei der Eingewöhnung zu lassen. Sie sollte sich langsam mit ihren veränderten Lebensumständen anfreunden, und so gingen wir in kleinen Schritten vor. Als besonders heikel erwies es sich, ihr begreiflich zu machen, dass ihre Krankheit regelmäßig behandelt werden musste. Sie musste lernen und akzeptieren, dass diese Behandlung zwar nicht schön, aber heilsam war und somit ihr Gutes hatte. Zweimal pro Woche kommen Krankenpfleger, um ihr und auch Léo vier Infusionen Berinert zu verabreichen – jenes kostbare Medikament, von dem man annimmt, es beuge einem Ausbruch der Krankheit vor. Es wird intravenös gespritzt, und davor fürchten sich die Kinder sehr, da das Prozedere schmerzhaft ist. Die Pflegekräfte haben vorgeschlagen, eine Art Lachgas einzusetzen, das ein paar Sekunden inhaliert wird, eine euphorisierende Wirkung hat und es den Kindern erlaubt, sich zu entspannen. Bei einem plötzlich auftretenden Krankheitsschub wären wir auch selbst in der Lage, den Kindern das Wunder wirkende Medikament zu spritzen, aber das wollen wir nur im absoluten Notfall tun. Die Rollen sollen klar verteilt bleiben. Drei Familienmitglieder müssen sich also dieser wöchentlichen Behandlung unterziehen, hinzu kommt eine psychologische Betreuung. Eine

Infusion kostet 514 Euro, und da jede Person vier Infusionen benötigt, belaufen sich unsere monatlichen Behandlungskosten auf beinahe 50 000 Euro! Ein europäisches Labor besitzt das weltweite Monopol für die Herstellung dieses Medikaments. Da in Frankreich weniger als 1500 Personen von dieser seltenen Krankheit betroffen sind, können die Hersteller es zu einem horrenden Preis verkaufen. Auf diese Weise sind sie auf dem französischen Markt wirtschaftlich höchst erfolgreich. Kann es sein, dass das Labor mit diesen überhöhten Preisen eventuell eine Finanzschuld ausgleichen muss? Das spielt letztlich keine Rolle, wenn man ohne das Medikament nicht auskommen kann. Das Leben aller von dieser Krankheit betroffenen Personen hängt an einem seidenen Faden, und der heißt Berinert. So steht als Schreckgespenst immer die Bedrohung im Raum, der Vorrat könnte zur Neige gehen. Was wäre, wenn das Labor irgendwann beschlösse, dieses Medikament aus welchen Gründen auch immer vom Markt zu nehmen? Was würde aus uns werden? Dasselbe gilt für das Lösungsmittel, das den Wirkstoff aktivieren soll. Auch hier spielt es eine entscheidende Rolle, welches Mittel gewählt wird. Bei Levothyrox, einem Mittel gegen Schilddrüsenleiden, ist gerade erst ein Fall bekannt geworden, in dem der Wechsel des Lösungsmittels katastrophale Auswirkungen hatte. Sabrina selbst hat vor der Behandlung mit Berinert schlimme Erfahrungen mit dem Medikament Cinryze gemacht, das sie wieder absetzen musste. Laut Hersteller war jedoch mit keinen negativen Nebenwirkungen zu rechnen. Verlor man büschelweise Haare, so war das doch schließlich nur eine Kleinigkeit ...

Wenn drei Mitglieder einer Familie zu achtzig Prozent als schwerbehindert gelten, so bleibt dem Einzigen, der es nicht ist, nur eine Lösung: Er muss jede andere Arbeit aufgeben und sich rund um die Uhr um seine Liebsten kümmern. Das hat Yoan getan. Seit drei Jahren arbeitet er nicht mehr außer Haus und ist jetzt offiziell Familienbetreuer. Dafür erhält er vom Land eine finanzielle Vergütung. Außer dieser Summe erhalten wir eine Zahlung für behinderte Kinder und Erwachsene von tausend Euro pro Monat. Das ist natürlich besser als nichts, aber es ist nicht üppig, und unsere finanzielle Situation bleibt angespannt. Verschiedentlich wurden hohe Behandlungskosten nicht von der Krankenkasse zurückgezahlt. Unseren Traum von einem Haus in den Bergen, in dem wir kranke Familien mit Kindern beherbergen, haben wir auf später verschoben. Ein solches Projekt liegt uns am Herzen, und früher oder später werden wir es realisieren. Im Augenblick aber sehen wir unsere Herausforderung darin, einen Verein zu gründen, der Familien mit erkrankten Kindern Hilfestellung gibt – und zwar vor allem im Umgang mit einer ungerechten Behandlung durch soziale Einrichtungen und Justiz.

Jedes Mal, wenn sich ein fürchterlicher Abgrund vor uns auftat, haben wir ihn überwunden und sind letztlich gestärkt aus allen Katastrophen hervorgegangen. Warum sollte das nicht so bleiben? Als wir verzweifelt eine Wohnung in der Nähe von Grenoble suchten, waren wir angesichts der hohen Mieten im Umkreis dieser Stadt schon so weit, unser Vorhaben aufzugeben. Glücklicherweise steht nicht für alle Menschen der Profit im Vordergrund. Eine großherzige Familie hatte unsere Geschichte in der Zeitung gelesen und erfahren, dass wir dringend in die Nähe der einzigen Klinik ziehen wollten, die diese Krankheit behandelt. Sie bot uns ihr Haus zu einem deutlich günstigeren als dem marktüblichen Preis zur Miete an. Dort wohnen wir jetzt zu viert und blicken – je nach Jahreszeit – auf die grüne oder verschneite Bergwelt um uns herum. Es ist eine wahre Oase des Friedens nach all den Stürmen, die über uns hinweggefegt sind.

Jetzt ist der Zeitpunkt gekommen, alle bitteren Erfahrungen, die wir gemacht haben, hinter uns zu lassen.

Wenn wir uns dafür entschieden haben, hier von unserer Geschichte zu berichten, so geschah das, um eine Vorstellung von unserem Leidensweg zu vermitteln. All die erlebten Ungerechtigkeiten und Irrtümer werden hier noch einmal schmerzlich aufgedeckt, um zu verhindern, dass sie sich in Zukunft wiederholen. Wie unser innigster Wunsch lautet? Dass Ärzte nie wieder die Ohren verschließen, wenn Eltern um eine bestimmte Untersuchung bei ihrem Kind bitten, vor allem, wenn es sich um so etwas Einfaches wie eine Blutprobe handelt. Hätten diejenigen uns zugehört, die sich um Louna kümmerten, so wäre uns allen ein schreckliches familiäres Drama erspart geblieben.

Wenn unsere Darstellung ein klein wenig dazu beiträgt, vor Augen zu führen, dass medizinische und juristische Irrtümer dieser Art keine Hirngespinste sind, sondern tatsächlich geschehen; wenn unsere Darstellung die Gewissheit all jener ins Wanken bringt, die davon überzeugt sind, dass es »keinen Rauch ohne Feuer« gibt, und wir ihnen klarmachen können, dass auch sie vielleicht irgendwann einmal zu Unrecht in die Schusslinie geraten könnten … dann war unsere Mühe nicht umsonst.

Es liegt uns auch am Herzen, mit diesem Buch und unserer Geschichte jedem Menschen Hoffnung zu geben, der sich in Bedrängnis befindet oder Opfer von Ungerechtigkeit geworden ist. Uns hat man in einen fürchterlichen Abgrund gestoßen und vier Jahre von unserer kleinen Tochter getrennt. Wir galten als Schande und haben die Ablehnung von Menschen erfahren, die uns ohne jegliche Kenntnis des Falls von vornherein gnadenlos verurteilten. Wir haben ein rastloses Leben geführt, waren Bosheit und Verbissenheit ausgesetzt und sind nur knapp einer Gefängnisstrafe entgangen. Aber wir haben trotz mancher Phasen tiefster Verzweiflung niemals aufgegeben. Jeder hat seine Geheimwaffe, um Augenblicke der Traurigkeit und Niedergeschlagenheit zu überwinden. Die eine, Sabrina, schöpft ihre Kraft aus der grenzenlosen Liebe und Zuwendung zu ihren Kindern; der andere, Yoan, hält sich an der Musik fest, die von jeher seine große Leidenschaft war. Nur zu diesem Zweck hat er ein paar Auftritte in Diskotheken übernommen: Mit dem Kopfhörer auf den Ohren überließ er sich dem Beat rhythmischer Stücke oder sanften Melodien – und vergaß seine Sorgen. Für ein paar Stunden waren die tragischen Entwicklungen und Anschuldigungen ausgeblendet, und so etwas wie Heiterkeit kam auf. Vermutlich hat er großartig aufgelegt, da es für ihn in diesem Moment nichts anderes als diese Musik gab: Die Musik war Balsam für seine Verletzungen, und da sie ihn in ferne Sphären trug, machte sie ihn auch unverwundbar.

Neben diesen kurzen Atempausen war es aber vor allem das Gefühl, ungerecht behandelt zu werden, das uns ungeahnte Kräfte gab. Zu Unrecht angeklagt zu werden bedeutet eine solche Schande, dass Empörung und Groll irgendwann übermächtig werden. Man bedenkt nicht mehr, welche Folgen die eigenen Handlungen haben könnten, man verliert jeden Selbsterhaltungstrieb und stürzt sich mit Haut und Haaren in den Kampf um eine scheinbar uneinnehmbare Festung. Was zählen da schon Schrammen und Beulen! Geht man in die Knie, so bedeutet das nicht die Kapitulation. Im Gegenteil, es ist eine Aufforderung, wieder aufzustehen und sich zu wehren. In der Fabel *Die Pest unter den Tieren* von Jean de La Fontaine heißt es zum Schluss:

> *»Ganz je nachdem, wie mächtig oder schwach wir sind,*
> *Macht weiß uns oder schwarz das Urteil des Gerichts.«*

Eben nicht! Wenn man den unbändigen Willen hat, alle Hindernisse zu überwinden, wenn man wider besseres Wissen daran glaubt, dass es möglich ist, den Sieg davonzutragen, dann mobilisiert man die letzten Kräfte, um gegen diejenigen zu kämpfen, die einen vernichten wollen. Und der Kampf findet nicht eher ein Ende, als bis man sie bezwungen hat. Es ist kein leichter Weg, immer wieder wird man von Fallstricken zu Boden geworfen. Es steht uns nicht zu, diejenigen zu kritisieren, die ins Straucheln geraten und nicht genug Energie haben, um auf Kurs zu bleiben und sich ihre anfängliche Motivation zu bewahren. Aber wir hoffen, dass unser Beispiel all denen Kraft spenden kann, die sich in einer ähnlichen Situation wehren und für ihren Sieg kämpfen müssen, auch wenn sie manchmal an ihren Fähigkeiten zweifeln.

Wir haben es geschafft! Warum nicht auch andere?

Danksagung

Unser Dank gilt Frau Professor Gisèle Kanny und den Ärzten
Anne Pagnier, Guillaume Gaudin und Martine Guiguemde.
Darüber hinaus danken wir:
Rechtsanwältin Hélène Strohmann,
Pierre L'Huillier,
Maryline, Claude und der ganzen Familie Bernard,
den Krankenschwestern des sozialmedizinischen Zentrums
in Rambervilliers,
Florence Segovia,
Christophe Gobin,
Laurence Munier,
Serge Pueyo,
und David Segal.
Und wir danken allen Unbekannten, die uns von Anfang an
unterstützt haben …